ACCESO GRATIS ***a la Lectura en la Nube***

Para visualizar el libro electrónico en la nube de lectura envíe junto a su nombre y apellidos una fotografía del código de barras situado en la contraportada del libro y otra del ticket de compra a la dirección:

ebooktirant@tirant.com

En un máximo de 72 horas laborales le enviaremos el código de acceso con sus instrucciones.

SUPERVISIÓN DE CRIPTOACTIVOS EN COLOMBIA

SUPERVISIÓN DE CRIPTOACTIVOS EN COLOMBIA

NICOLÁS ALMEYDA OROZCO

tirant lo blanch
Bogotá, 2024

Almeyda Orozco, Nicolás, autor
Supervisión de criptoactivos en Colombia / Nicolás Almeyda Orozco. – Bogotá: Tirant lo Blanch, 2024.

182 páginas.
Incluye referencias bibliográficas y bibliografía.
ISBN 978-84-1056-168-7

1. Criptomoneda - Aspectos jurídicos - Colombia 2. Transferencias electrónicas de fondos - Aspectos jurídicos - Colombia 3. Derecho comparado

CDD: 346.861082178 ed. 23 CO-BoBN– a1134990

Catalogación en la publicación – Biblioteca Nacional de Colombia

EDITA: TIRANT LO BLANCH
Calle 11 # 2-16 (Bogotá D.C.)
Teléf.: 4660171
Email: tlb@tirant.com
Librería virtual: www.tirant.com/co/
ISBN: 978-84-1056-168-7

Si tiene alguna queja o sugerencia, envíenos un mail a: *atencioncliente@tirant.com*. En caso de no ser atendida su sugerencia, por favor, lea en *www.tirant.net/index.php/empresa/politicas-de-empresa* nuestro procedimiento de quejas.

Responsabilidad Social Corporativa: http://www.tirant.net/Docs/RSCTirant.pdf

Índice

A Matildelina

Introducción

De un tiempo para acá existe una temática que se mantiene en boga, pese a haber sufrido algunos vaivenes respecto de su protagonismo, ligados a las variaciones que ha sufrido con el paso de los años. Se trata de los hoy llamados criptoactivos, término que ha evolucionado de manera constante, pues inició con la publicación de un *white paper* en internet en 2008 en el que se presentaba una alternativa tecnológica al sistema financiero tradicional y ya cuenta con una categorización como un género con muchas especies, dentro de las cuales se encuentran las criptomonedas, los *Non Fungible Tokens* —NFT—, entre otras.

Ahora bien, la aparición de este tipo de tecnología no es un fenómeno aislado, pues dadas sus principales características, esto es, su intangibilidad y el hecho de que la mayoría de las transacciones con ella se realicen en línea, han generado sentimientos encontrados y posturas de toda índole sobre su existencia y utilización. Las distintas reacciones del sector financiero tradicional y las posiciones asumidas por los gobiernos del mundo al respecto nos llevan a enfrentarnos con escenarios, bastante diversos, en los que la falta de claridad es la protagonista.

No existe una definición universal de la figura o categoría de criptoactivo, tampoco se sabe si frente a su uso debe asumirse una posición libertaria o restrictiva, y la disparidad de criterios en el manejo que se les ha dado a estos activos dificulta en gran medida su adopción como nueva tecnología y su eventual regulación al ser generadora de situaciones que afectan el interés general.

Se trata de una nueva tecnología surgida como respuesta a la ineficacia de la institucionalidad frente a los abusos del sistema financiero que desafortunadamente también ha sido utilizada para operaciones ilegales, dejándonos frente a la paradoja de si debe regularse la tecnología o lo que hagamos con ella, pues somos nosotros quienes decidimos utilizarla para bien o para mal: el fuego puede utilizarse para iluminar una aldea o para quemarla.

En esa línea, no puede ignorarse el hecho de que los criptoactivos y su entorno se han visto afectados por fenómenos asociados a los mercados financieros dado su carácter especulativo, lo cual no necesariamente se ajusta a los ideales tenidos en cuenta al momento de su creación. Ello por cuanto

> la globalización va aparejada con el predominio del capital y los negocios financieros, casi siempre especulativos, que ha "financiarizado" el contexto y la actividad de la economía, reduciéndola a un casino, como lo vislumbró y criticó Keynes. El *Wall Street Journal* ya en octubre de 1995 estimaba que cerca del noventa y cinco por ciento de las transacciones en los mercados de cambio internacionales eran de naturaleza especulativa, apoyados en mercados de futuros y operaciones de opción (Gray, 2000). La ingeniería financiera se convirtió en una actividad más rentable que la producción[1].

Los avances tecnológicos no solo inciden en cómo se debe definir un concepto y cuáles son sus alcances, sino también en la forma en que debe aproximarse un Estado a su entendimiento y eventual regulación. Y es precisamente la velocidad con que evoluciona la tecnología la que hace tan difícil tener un punto de partida que pueda irse actualizando conforme se presentan los distintos desarrollos, pues los procedimientos de creación de normas normalmente suelen ser muy lentos y complejos, con lo que simplemente se logra expedir algún tipo de regulación para una tecnología que ya se entiende obsoleta.

Lo anterior, por supuesto, en el caso en que se decida realizar algún tipo de intervención respecto de la figura, pues los enfoques regulatorios (en sentido lato) son muy diversos, y puede optarse por una posición de cero intervención, pasando por varios escenarios hasta llegar al más estricto de ellos en el que se buscan regular todos los aspectos relacionados con dicha figura, en este caso los criptoactivos, estableciendo un catálogo de conductas reprochables y las eventuales sanciones derivadas de ellas.

---

1 Juan Manuel Ospina, *Economía para no economistas. Un relato de la formación del pensamiento económico*, (Bogotá: Universidad Externado de Colombia, 2019), 417.

Son muchos los escenarios en los que se discuten asuntos relativos a criptoactivos, pero en todos ellos siempre existe algún vacío conceptual, un punto ciego, dada la inmensidad de sectores y entornos que se ven afectados por esta tecnología. Es esta necesidad la que nos lleva a buscar establecer ciertas bases conceptuales con la finalidad de que exista un punto de inicio en el que todos los interesados sobre criptoactivos puedan contar con la misma información, y sobre esas bases empezar a construir el esquema multidisciplinario que rija todo lo relacionado con aquellos.

Por lo anterior, en este documento se inicia con una primera parte denominada "conceptualización", en la que se busca brindar claridad respecto de la actividad de supervisión (compuesta por funciones de inspección, vigilancia y control) y sobre el concepto de criptoactivos. En cuanto a la supervisión, la intención es definir en qué consiste cada una de las funciones que la componen, teniendo en cuenta la evolución que los distintos esquemas han tenido, mutando de una posición inicial ex post, meramente reactiva desde el punto de vista sancionatorio, a una preventiva con fundamento en gestión de riesgos. Por su parte, en lo relativo a los criptoactivos, se busca definir ese concepto, dada la falta de claridad que hoy existe al respecto (por ejemplo, es común que los términos criptomoneda y criptoactivo se utilicen como sinónimos, cuando en realidad el primero es una especie del segundo).

Una vez se establece esa base conceptual sobre supervisión de criptoactivos, pasamos a una segunda parte denominada "problemáticas actuales", en la que se procura presentar distintos aspectos que, a la fecha, generan problemas en la regulación de criptoactivos. Allí se cuestiona la necesidad de intervención, se discute la necesidad de establecer el nivel de rigidez con que se va a aplicar el principio de legalidad frente a la inspección, vigilancia y control de criptoactivos, se pone de presente la forma en que la supervisión de criptoactivos desdibuja el concepto clásico de soberanía en relación con el territorio, se plantean los posibles enfoques que podría dársele a la supervisión de criptoactivos, desde un extremo ligeramente preventivo hasta uno rígido y reactivo, y se termina con un análisis de cuáles serían las posibles entidades en el país que podrían asumir funciones de supervisión.

Por último, en la tercera parte se presentan algunas de las soluciones que se han planteado frente a intervención regulatoria, que pueden servir como referente para eventualmente adoptar una de ellas, o alguna combinación entre ellas. Se trata de analizar distintas herramientas para escoger aquella que mejor se adapte a las necesidades de nuestro país.

Se advierte que con este ejercicio no se busca asumir posiciones radicales, sino simplemente agrupar la mayor cantidad de información posible en relación con el fenómeno de los criptoactivos y su regulación, de forma tal que el debate que se adelante al respecto en nuestro país sea lo suficientemente nutrido para que las posiciones que se asuman generen los mejores resultados, buscando siempre el equilibrio entre la innovación tecnológica y la protección del interés general.

Parte I.
Conceptualización

I. DEFINICIÓN (¿O INDEFINICIÓN?) DE SUPERVISIÓN: INSPECCIÓN, VIGILANCIA Y CONTROL

Desde que la humanidad se empezó a organizar como sociedad, esto es, en convivencia colectiva, se ha instituido la posibilidad de utilizar la fuerza para asegurar el cumplimiento de las reglas básicas que rigen a esa colectividad[1]. Dentro de un Estado de derecho, la figura que se utiliza para esos efectos se conoce como "policía". En sus inicios,

> [L]a llamada *policía* no tenía que ver con un tipo de fuerzas de seguridad (las fuerzas policiales), sino que el término conectaba con su etimología griega, la *politeia* (ciudad), y todo cuanto tiene que ver con su ornato y seguridad. Bajo la policía, las Administraciones públicas intervienen con mayor o menor intensidad en las actividades económicas de los ciudadanos, con la finalidad de impedir que el desarrollo de esas actividades perjudique otros valores, como la integridad física de las personas o las cosas[2].

---

1 "Se ha dicho que una sociedad cualquiera no podría subsistir sin un poder social destinado a asegurar su funcionamiento, y que dicho poder, radicado en el Estado, constituye la nota esencial de este. De dicho poder surge la expresión *potestad*, entendida como manifestación del poder, y en ocasiones como un concepto equivalente al de soberanía, pero que se concibe como una forma de manifestación de la legalidad en virtud de la cual se otorgan facultades de actuación, es decir, poderes jurídicos que permiten la actuación estatal". Juan Gabriel Rojas López, *Derecho administrativo sancionador. Entre el control social y la protección de los derechos fundamentales*, (Bogotá: Universidad Externado de Colombia, 2020), 74.

2 Íñigo del Guayo Castiella, "Constitución económica y Estado regulador", en *Tecnología, administración pública y regulación*, coordinado por Luis Ferney Moreno Castillo, William Iván Gallo Aponte y Vivian Cristina Lima López Valle, (Bogotá, Universidad Externado de Colombia, 2021), 39.

Así las cosas, se trataba (o se trata) de una potestad que ejerce la autoridad pública con el fin de reprimir algunos comportamientos, con la finalidad de realizar el bien común. Para la doctrina autorizada,

> [R]esulta lógico suponer que las facultades referenciadas [referidas a materias de ornato, beneficencia, permisos de edificación, obras públicas, entre otros] iban acompañadas necesariamente de un poder represivo, de la capacidad de reaccionar imponiendo castigos a aquellos que desconocieran las diferentes disposiciones que se encargaban de regular la ordenación del territorio y las normas que viabilizaban la convivencia dentro de este[3].

Es decir, que al existir una serie de reglas que rigen a la sociedad en aspectos del interés de todos sus integrantes, se justifica también la existencia de un poder represivo que permita sancionar a todo aquel que transgreda dicho ordenamiento. Es por ello por lo que el derecho del poder de policía ha sido definido como "el conjunto de acciones materiales concretas y regladas de que disponen las autoridades para la conservación y el restablecimiento del orden público"[4].

No sorprende la situación, toda vez que desde sus inicios se ha entendido que la actividad policiva del Estado obedece a una naturaleza correctiva, que se ejerce ex post, consistente en corregir los comportamientos que incumplen lo dispuesto en el ordenamiento jurídico, procurando imprimirle un carácter disuasivo o persuasivo (y en ese sentido, buscando generar un efecto preventivo) a la sanción[5],

---

3 Jorge Iván Rincón Córdoba, "Origen, justificación y presupuestos de la potestad sancionadora de la Administración en el ordenamiento jurídico colombiano", en *El poder sancionador de la administración pública: discusión, expansión y construcción*, XIX Jornadas Internacionales de Derecho Administrativo, editado por Alberto Montaña Plata y Jorge Iván Rincón Córdoba. (Bogotá, Universidad Externado de Colombia, 2018), 86.

4 Manuel Alberto Restrepo Medina, Lina Escobar Martínez, Javier Rincón Salcedo, José Eduardo Rodríguez, *Globalización del derecho administrativo colombiano*, (Bogotá: Universidad del Rosario, 2010), 62.

5 "(...) la sanción administrativa incorpora un valor educativo y ejemplarizante de carácter institucional, toda vez que "enfatiza las necesarias exigencias de responsabilidad, compromiso y profesionalismo en el ejercicio de actividades que afectan al interés de la comunidad y que, por consiguiente, presuponen una carga especial de responsabilidad e idoneidad"". Manuel Alberto Restrepo Medina y María Angélica Nieto Rodríguez,

esperando que no se vuelvan a cometer las conductas sancionadas. En palabras de Nieto García, "lo que las normas sancionadoras fundamentalmente pretenden es, por tanto, que el daño no se produzca y para evitar ese daño hay que evitar previamente el riesgo, que es el verdadero objetivo de la política represiva"[6].

Siguiendo esa línea, encontramos otra definición según la cual

> (...) el llamado poder de policía es la capacidad que se otorga al Estado mediante la expedición de normas impersonales, generales y abstractas a fin de establecer un espacio de intervención nuevo en el que junto a la supervisión de una determinada actividad se otorga la posibilidad de sancionar (...) no es cosa distinta a la capacidad que reconoce el ordenamiento jurídico para que la aminoración del derecho en que se traduce el castigo pueda llevarse a cabo de forma directa por la autoridad administrativa sin que acuda a otra instancia judicial[7].

El derecho administrativo sancionador en Colombia, (Bogotá: Universidad del Rosario y Legis, 2017), 18. Se cita la siguiente providencia: Consejo de Estado, Sala de lo Contencioso Administrativo, Sección Primera, Sentencia 6214 de 9 de julio de 2000. C. P. Olga Inés Navarrete Barrero. También se refieren a la Sentencia C-401 de 2013 al mencionar que "(...) a través del derecho administrativo sancionador se pretende garantizar la preservación y restauración del ordenamiento jurídico, mediante la imposición de una sanción que no solo repruebe sino que también prevenga la realización de todas aquellas conductas contrarias a este". Para Rojas López, "(...) la amenaza de sanción es una importante herramienta en la evitación de la transgresión de la norma". Juan Gabriel Rojas López, *Derecho administrativo sancionador. Entre el control social y la protección de los derechos fundamentales*, (Bogotá: Universidad Externado de Colombia, 2020), 54. El mismo autor no desconoce la relación existente entre el derecho penal y el derecho administrativo sancionatorio (o entre la pena y la sanción administrativa), y analizando el primero, afirma que la mayoría de la doctrina penalista clásica se decanta por dos teorías del fin de la pena: la expiatoria (reconciliación del delincuente consigo mismo y con el ordenamiento jurídico quebrantado) y la retributiva (imponer al delincuente un mal que corresponda al grado de su culpabilidad). No obstante, también reconoce otras funciones, como la preventiva, que consiste en prevenir que el comportamiento sancionado vuelva a presentarse. Gabriel Rojas López, *ob. cit.*, 60 y ss.

6 Alejandro Nieto García, *Derecho administrativo sancionador*, 5ª ed., (Madrid: Tecnos, 2018), 38-39.

7 Jorge Iván Rincón Córdoba, "Origen, justificación y presupuestos de la potestad sancionadora de la Administración en el ordenamiento jurídico

En cuanto a la función de policía como tal, la misma consiste en "(...) la facultad de hacer cumplir las disposiciones dictadas en ejercicio del poder de policía, mediante la expedición de reglamentos generales y de acciones apropiadas para garantizar el orden público en sus diferentes dimensiones"[8].

Con base en las anteriores definiciones, puede establecerse que la potestad o función de policía consiste en la facultad de la administración de reglamentar, restringir o limitar derechos individuales con el fin de salvaguardar el orden público, y se identifica que "dicha definición está conformada por dos elementos esenciales: (i) el orden público como fin perseguido por la policía y (ii) el *imperium* de la administración manifestado en la reglamentación, restricción o limitación de derechos individuales como medio para lograr el pretendido objetivo"[9].

Se trata entonces de una facultad de la Administración pública que permite restringir derechos individuales con el fin de defender el orden público, concepto este que debe leerse en sentido amplio, en el entendido que son múltiples los factores que pueden alterarlo. Para el caso que nos ocupa, estos factores tienen que ver con asuntos de índole económica, pues los criptoactivos se presentan como una tecnología disruptiva con incidencia en ese campo, punto que se abordará en detalle más adelante. Valga decir que, por lo menos en el aspecto económico,

> (...) el derecho administrativo del poder de policía estaba determinado por la prevalencia de las libertades individuales, principalmente en materia económica, con un protagonismo residual del Estado, al cual se le encargaba velar por la garantía del conjunto mínimo de condiciones que permitieran el pleno desarrollo de esas libertades, sin entrar a interferir en su ejercicio y dejando su regulación al funcionamiento de las fuerzas del mercado, mediante interven-

colombiano", 113-114.

8 Corte Constitucional, Sentencia C-412 de 2015.

9 Manuela Canal, "La policía administrativa: un concepto en evolución", en *Las transformaciones de la administración pública y del derecho administrativo*, Homenaje al Profesor Luciano Vandelli, editado por Jorge Iván Rincón Córdoba, (Bogotá, Universidad Externado de Colombia, 2019), 559.

> ciones impuestas sobre la acción libre de los particulares en aras de garantizar la disciplina exigida a la convivencia en comunidad[10].

Aterrizando la facultad de policía en nuestro país, debe decirse que esta

> (...) se encuentra consagrada en el numeral 4º del artículo 189 de la Constitución, que impone en cabeza del presidente de la República la obligación de mantener el orden público y de restablecerlo cuando este fuere turbado. Ahora, como principales exponentes de las policías especiales en Colombia, encontramos a las superintendencias, encargadas de la inspección, vigilancia y control de materias determinadas (...) estas entidades tienen un régimen jurídico particular que dirige y delimita su actividad. Así las cosas, podemos evidenciar que el nacimiento de las denominadas policías especiales, en contraposición con la clásica policía general, corresponde a otra de las tantas manifestaciones de la evolución del concepto de policía administrativa[11].

Vemos cómo el concepto general de policía se especializa hasta convertirse en una serie de categorías especiales de policía administrativa que se encargan de distintos ámbitos o materias, y que se manifiesta o proyecta desde las actividades de inspección, vigilancia y control. Y estas transformaciones no han sido estáticas, pues a partir de esa especialización se evidencia un fenómeno consistente en el desarrollo de normas que irradian sus efectos sobre las funciones de inspección, vigilancia y control de cada una de estas materias o áreas, que eventualmente difieren entre ellas por las necesidades que deben atender.

Esta evolución obedece a los distintos enfoques que se han adoptado a lo largo de los años para tratar de generar mayor eficiencia y eficacia en el ejercicio de las funciones de inspección, vigilancia y control, y que desde un aspecto de incertidumbre frente a los efectos de las nuevas tecnologías y situaciones que se presentan, es descrita por canal en los siguientes términos:

> Bajo el prisma de la teoría evolutiva, la incertidumbre como característica definitoria de la sociedad moderna comporta, de suyo, un nuevo redimensionamiento de la figura de la policía administrativa. Ello en virtud de que la multiplicación de riesgos implica la generación de nuevas necesidades para

---

10 Manuel Alberto Restrepo Medina *et al.*, *Globalización del derecho administrativo colombiano*, 63.

11 Manuela Canal, "La policía administrativa: un concepto en evolución", 558-559.

> los administrados, que deberán ser satisfechas por la Administración mediante la transformación de su contenido. Hoy, a la policía le compete determinar los tipos y niveles de riesgos permitidos, con miras a lograr el punto de equilibrio entre el progreso tecnológico y la protección del medio ambiente y de la salud del ser humano[12].

Lo anterior generó una mutación del enfoque tradicional heredado del *laissez faire–laissez passer*, en el que la intervención del Estado era mínima, a un rol mucho más activo por parte de la administración, especialmente en lo relativo a aspectos económicos[13]. Es una evolución de un Estado policía hacia un Estado regulador[14].

Además del cambio de enfoque, existe una evolución en la forma en que la administración ejerce las funciones de inspección, vigilancia y control y cómo plantea sus estrategias para actuar, pues las tecnologías también inciden en este campo. En el entendido que la evolución tecnológica puede incidir en materias tan delicadas como los mercados de energía, los derechos fundamentales, entre otros, se

---

12 Manuela Canal, "La policía administrativa: un concepto en evolución", 590. "La situación actual es, pues, de considerable confusión: el Estado —no obstante, las progresivas pérdidas en su soberanía tradicional— ve paradójicamente reforzada su responsabilidad de dirección y control sociales, que debe cumplir, además, en un contexto de dependencia de los mercados financieros cuya lógica escapa a su disposición. Por ello mismo, la realidad le demanda casi diariamente profundos cambios y una radical adaptación a las nuevas circunstancias, haciendo surgir con pujanza nuevas soluciones". Luciano Parejo Alfonso, "Algunas reflexiones sobre la evolución y situación actual del sistema de fuentes del derecho", 206.

13 "La redefinición de la administración implicó, como es natural, la redefinición del concepto de policía administrativa, que abandonó el abstencionismo frente a las actividades individuales y adoptó un rol abiertamente intervencionista en el sector económico". Manuela Canal, "La policía administrativa: un concepto en evolución", 553.

14 "Este control férreo, que Weber describe como la jaula de hierro del derecho, implicó un desplazamiento de las técnicas de control social del Estado de derecho, de Estado policía, hacia Estado regulador, sin que la primera función haya sido suprimida, sino subordinada". Manuel Alberto Restrepo Medina *et al.*, *Globalización del derecho administrativo colombiano*, 15.

hace necesario reforzar la intervención haciendo uso de las mismas tecnologías que se pretenden regular[15].

Ahora bien, es claro que las funciones de policía administrativa han evolucionado, que se hace uso de la tecnología para mejorar los niveles de eficiencia y eficacia con que se ejercen esas potestades[16],

---

15 "En el tercer escenario, la Administración pública controla las tecnologías. Aquí entra en juego un conjunto de herramientas de orden estatal, es decir, estrategias y acciones de la policía administrativa en un sentido normativo, liberador, fiscalizador y represivo. El Estado ha comenzado a utilizar una seria de diplomas legales e infralegales, así como actos liberadores (como licencias y autorizaciones), medidas de vigilancia e imposición de infracciones para desalentar, restringir y castigar el uso indebido de los instrumentos tecnológicos. Esto se debe, entre otros posibles efectos nocivos, a ciertas tecnologías que pueden: (1) generar energía, incluso de formas que distorsionan el funcionamiento regular de los mercados; (2) facilitar la violación de derechos fundamentales, como la intimidad, la privacidad, el honor, la imagen, la salud, la seguridad y la vida; (3) permitir la distorsión de los procesos electorales que son esenciales para la democracia; y (4) aumentar los riesgos para los trabajadores, tanto en el mantenimiento de sus puestos como en el desempeño de sus funciones operacionales". Thiago Marrara y Gustavo Gil Gasiola, "Regulación de las nuevas tecnologías y nuevas tecnologías de la regulación", en *Tecnología, administración pública y regulación,* coordinado por Luis Ferney Moreno Castillo, William Iván Gallo Aponte y Vivian Cristina Lima López Valle, (Bogotá, Universidad Externado de Colombia, 2021), 68.

16 "En el ámbito de la policía administrativa y otras actividades de intervención, como la regulación, el uso de la tecnología tiene sus propios propósitos y ventajas. No sirven para lograr la situación actual, que es inaplicable en este campo, sino para hacer más eficientes, rápidas y justas las acciones y decisiones preventivas (mediante procesos de liberación), las inspecciones y las medidas represivas. Por una parte, las tecnologías surgen como un medio para facilitar los procesos, garantizar una duración razonable y reducir los costos burocráticos y de transacción de las personas y empresas que se someten a la policía y la regulación. Por otro lado, ganan espacio sobre todo en las tareas de inspección y vigilancia, lo que las hace más perennes y eficaces. Hoy, como nunca, el uso de nuevas tecnologías de rastreo y recopilación de información hace posible un control incesante y exhaustivo de los regulados, así como más independiente de la voluntariedad y el deseo humano". Thiago Marrara y Gustavo Gil Gasiola, "Regulación de las nuevas tecnologías y nuevas tecnologías de la regulación", 73.

pero hay un problema de fondo frente a la indefinición de lo que debe entenderse por inspección, vigilancia y control.

Si bien es cierto que las figuras de supervisión conocidas en la operación jurídica doméstica son las de inspección, vigilancia y control, y sobre las mismas podría considerarse desde un punto de vista académico que han tenido algún desarrollo conceptual, lo cierto es que, como lo ha manifestado la Corte Constitucional, "[N]o existe una definición unívoca y de orden legal de las actividades de inspección, vigilancia y control. Si bien la propia Constitución, en artículos como el 189, emplea estos términos, ni el constituyente ni el legislador han adoptado una definición única aplicable a todas las áreas del Derecho"[17].

Existen, eso sí, algunas normas específicas que dan algunas luces respecto de cuál es la definición y en qué consisten la inspección, vigilancia y control, pero el panorama está lejos de ser claro, pues como ya lo manifestó la Corte Constitucional, no se trata de definiciones aplicables a todas las áreas donde se hace uso de ellas.

Así, por ejemplo, encontramos el artículo 189 de la carta política, según el cual corresponde al presidente de la república como jefe de Estado, jefe de Gobierno y suprema autoridad administrativa ejercer la supervisión y vigilancia de la enseñanza conforme a la ley (núm. 21), ejercer la inspección y vigilancia de la prestación de los servicios públicos (núm. 22), ejercer, de acuerdo con la ley, la inspección, vigilancia y control sobre las personas que realicen actividades financiera, bursátil, aseguradora y cualquier otra relacionada con el manejo, aprovechamiento o inversión de recursos captados del público. Así mismo, sobre las entidades cooperativas y las sociedades mercantiles (núm. 24), y ejercer la inspección y vigilancia sobre instituciones de utilidad común para que sus rentas se conserven y sean debidamente aplicadas y para que en todo lo esencial se cumpla con la voluntad de los fundadores (núm. 26).

El artículo 365 de la Constitución Política establece que será el Estado quien mantendrá la regulación, el control y la vigilancia de los servicios públicos. Adicionalmente, el último inciso del artículo 372 de la Constitución Política establece que el presidente de la república

17 Corte Constitucional, Sentencia C-570 de 18 de julio de 2012, M. P. Jorge Ignacio Pretelt Chaljub.

ejercerá la inspección, vigilancia y control del Banco de la República en los términos que señale la ley.

De las anteriores funciones, se desprende que solo en un caso se hace referencia a la función de control (para el caso de actividades financieras), pues de resto se trata de funciones de inspección y vigilancia. No obstante, si revisamos las normas que desarrollan estas facultades, encontramos que se mezclan de manera indiscriminada mandatos que versan sobre funciones de inspección, vigilancia y control. Al respecto, la doctrina autorizada ha manifestado que

> Es necesario que se diferencie claramente las funciones de inspección, vigilancia y control. Esto significa que se debe establecer en cada una de ellas grados y condiciones para el paso de una función a otra. Podemos explicar lo anterior así: la inspección que está orientada a solicitar información a todos los prestadores de servicios públicos domiciliarios y con base en esa información recogida en el Sistema Único de Información (SUI), se debería derivar alertas administrativas, financieras, técnicas, jurídicas y problemas de abusos contra los usuarios que le indiquen a la SSPD cuáles prestadores deben pasar a vigilancia. En la función de vigilancia, la SSPD haría un seguimiento más intenso a los prestadores que se encuentren en medio y alto grado de alertas. Ahora bien, si, el prestador, pese a que tenga una vigilancia intensa, continúa con las alertas indicadas anteriormente, hay justificación para que pase a control. En la función de control, la SSPD decreta la toma de posición del prestador. Si se hace toma de posición del prestador para que mejore sus indicadores de gestión, consideramos que la SSPD debería usar el mecanismo ya creado en la Ley 142 de 1994 del contrato de fiducia para que sea una entidad especializada que se encargue de la administración[18].

A pesar de la anterior recomendación, lo que se evidencia es una situación completamente distinta, frente a la cual consideramos que debe existir una directriz, así sea desde la academia, para tratar de organizar ese embrollo. A continuación, se presenta un recuento de algunas de las normas de inspección, vigilancia y control de nuestro ordenamiento, con el fin de evidenciar el desorden al que se viene haciendo referencia. Veamos:

Sector educación: para estudiar las funciones de IVC en este sector debemos remontarnos a la Ley 115 de 1994, "Por la cual se expide

---

18 Moreno Castillo, Luis Ferney. *Hacia una buena inspección, vigilancia y control de los servicios públicos domiciliarios*. Consultado el 24 de octubre de 2022. https://www.uexternado.edu.co/wp-content/uploads/2017/01/Hacia-una-buena-inspeccion-vigilancia-y-control-de-los-SPD.pdf.

la ley general de educación" (que ha tenido diecinueve modificaciones desde su entrada en vigencia), la cual en su Título VIII regula lo atinente a "Dirección, Administración, Inspección y vigilancia". Allí encontramos el artículo 168, que trata sobre las funciones de inspección y vigilancia de la educación, que a su tenor literal dispone:

> En cumplimiento de la obligación constitucional, el Estado ejercerá a través del Presidente de la República, la suprema inspección y vigilancia de la Educación y velará por el cumplimiento de sus fines en los términos definidos en la presente ley. Ejecutará esa función a través de un proceso de evaluación y un cuerpo técnico que apoye, fomente y dignifique la educación.
>
> Igualmente, velará y exigirá el cumplimiento de las disposiciones referentes a áreas obligatorias y fundamentales, actividades curriculares y extracurriculares y demás requerimientos fijados en la presente ley; adoptará las medidas necesarias que hagan posible la mejor formación ética, moral, intelectual y física de los educandos, así como su acceso y permanencia en el servicio público educativo.
>
> El Presidente de la República o su delegado, en ejercicio de las funciones de inspección y vigilancia, de conformidad con lo establecido en el inciso tercero del artículo 80 de la presente ley podrá aplicar a los establecimientos educativos, previo el correspondiente proceso y cuando encuentre mérito para ello, las sanciones de amonestación pública, suspensión o cancelación del reconocimiento oficial.

Adicionalmente, en el artículo 170 se establece que "Las funciones de inspección, vigilancia, control y asesoría de la educación y administración educativa serán ejercidas por las autoridades del nivel nacional sobre las del nivel departamental y del Distrito Capital, por las autoridades del nivel departamental sobre las de orden distrital y municipal y por estas últimas sobre las instituciones educativas".

También encontramos el artículo 148 que establece las funciones del Ministerio de Educación Nacional, y que trae unas funciones específicas de inspección y vigilancia, a saber:

2. De Inspección y Vigilancia:

a) Velar por el cumplimiento de la ley y de los reglamentos sobre educación;

b) Asesorar y apoyar a los departamentos, a los distritos y a los municipios en el desarrollo de los procesos curriculares pedagógicos;

c) Evaluar en forma permanente la prestación del servicio educativo;

d) Fijar los criterios para evaluar el rendimiento escolar de los educandos y para su promoción a niveles superiores, y

e) Cumplir y hacer cumplir lo establecido por el Escalafón Nacional Docente y por el Estatuto Docente, de acuerdo con lo establecido en la presente ley.

Para el caso de educación, la vigilancia e inspección del sector se encuentra delegada en el Ministerio de Educación Nacional mediante los Decretos 1860 de 1994, "Por el cual se reglamenta parcialmente la Ley 115 de 1994, en los aspectos pedagógicos y organizativos generales", y 907 de 1996, "por el cual se reglamenta el ejercicio de la suprema inspección y vigilancia del servicio público educativo y se dictan otras disposiciones.

El Decreto 1860 de 1994 establece en su artículo 61:

> Delégase en el Ministro de Educación nacional la función de inspección y vigilancia de la educación, atribuida al Presidente de la República. Los gobernadores y alcaldes ejercerán en su respectiva jurisdicción, funciones de inspección y vigilancia de acuerdo con las competencias otorgadas por las leyes y con el reglamento que para el efecto expida el Ministerio de Educación Nacional, en cumplimiento de lo dispuesto en el Capítulo 4o. del Título VIII de la Ley 115 de 1994.

Por su parte, el Decreto 907 de 1996 establece en su artículo 4 que la ejecución de las actividades de inspección y vigilancia

> comprende un conjunto de operaciones relacionadas con la asesoría, la supervisión, el seguimiento, la evaluación y el control, sobre los requerimientos de pedagogía, administración, infraestructura, financiación y dirección para la prestación del servicio educativo que garanticen su calidad, eficiencia y oportunidad y permitan a sus usuarios, el ejercicio pleno de su derecho a la educación.

Así mismo, en su artículo 6°, al tratar de la competencia para el ejercicio de funciones de inspección y vigilancia establece que "Las funciones de inspección, vigilancia y control de la educación en el nivel nacional, serán ejercidas por el ministerio de Educación Nacional con el apoyo de la Oficina de Inspección y Vigilancia de la Calidad de la Educación, a que se refiere el inciso primero del artículo 4 de este Decreto". Y en su artículo 7, aterrizando cuáles son las funciones generales de inspección y vigilancia, incluye el siguiente listado:

> Establecer lineamientos y directrices generales que orienten el ejercicio de las competencias de las entidades territoriales, sobre inspecciones y vigilancia de la educación;
>
> Prestar asistencia técnica a los departamentos y distritos, en el desarrollo de las operaciones y actividades propias del ejercicio de la inspección y vigilancia.
>
> Solicitar a los departamentos y distritos, la información requerida sobre resultados de la inspección y vigilancia, con el fin de verificar el cumplimiento de las políticas, planes y programas nacionales en materia educativa;
>
> Señalar criterios para la efectiva coordinación del proceso de evacuación que se debe cumplir como parte del ejercicio de la inspección y vigilancia, con el Sistema Nacional de Evaluación de la Educación;
>
> Divulgar las leyes, normas reglamentarias y demás actos administrativos que sean pertinentes para el ejercicio de la inspección y vigilancia, por parte de las entidades territoriales;
>
> Asumir de manera excepcional la investigación previa de casos en los que se compruebe al menos de manera sumaria que el departamento o distrito ha incurrido en deficiencias en relación con la aplicación de los principios en eficacia, economía y celeridad para las actuaciones que, en materia de inspección, vigilancia y control de la educación les corresponde avocar o por solicitud expresa de la entidad territorial;
>
> Ejercer la inspección, vigilancia y control sobre las autoridades o en servicio, de los cuerpos técnicos de supervisores.
>
> Promover planes de formación de postgrado y de formación permanente o en servicio, de los cuerpos técnicos de supervisores.

Lo mismo se repite para los niveles departamental y distrital (art. 8). A nivel municipal (art. 9) no se encuentra en el listado una función que guarde relación con la actividad de control de manera específica.

Adicionalmente, este Decreto incorpora en su capítulo IV el régimen sancionatorio, el cual es propio de funciones de control en estricto sentido. Allí establece las sanciones y el procedimiento que debe adelantarse para poderlas aplicar.

En adición a la anterior normatividad, en la página web del Ministerio de Educación Nacional se encuentra una publicación suscrita por la Oficina Asesora Jurídica de la entidad[19], en la que se manifiesta de manera expresa que "La inspección y vigilancia se ejercerá por

---

19 Ministerio de Educación Nacional, "Inspección y vigilancia del servicio educativo", https://www.mineducacion.gov.co/1621/article-86914.html.

parte de las autoridades competentes mediante operaciones de asesoría, supervisión, seguimiento, evaluación y control sobre el servicio educativo" y que una de las funciones del Ministerio es

> asumir de manera excepcional la investigación previa de casos en los que se compruebe al menos de manera sumaria que el departamento o distrito ha incurrido en deficiencias en relación con la aplicación de los principios de eficiencia, economía y celeridad en las actuaciones que, en materia de inspección, vigilancia y control de la educación les corresponde avocar por solicitud expresa de la entidad territorial.

Sector servicios públicos: para la jurisprudencia constitucional[20], y apelando a una norma del Código Sustantivo del Trabajo, es servicio público "toda actividad organizada que tienda a satisfacer necesidades de interés general en forma regular y continua, de acuerdo con un régimen jurídico especial, bien que se realice por el Estado directa o indirectamente, o por personas privadas", aunque advierte que

> la noción de servicios públicos, tema verdaderamente complejo en el Derecho público, no corresponde sólo a una definición de orden formal o desde una perspectiva organicista, sino que en ella subyacen también aspectos materiales relacionados con el cumplimiento de los fines del Estado y el bienestar general de los asociados, ya sea de manera directa por las autoridades estatales o bien con el concurso de la empresa privada.

Adicionalmente, incluye una lista enunciativa de qué actividades deben ser consideradas como servicio público, a saber:

a) Las que se prestan en cualquiera de las ramas del poder público;

b) Las de empresas de transporte por tierra, agua y aire; y de acueducto, energía eléctrica y telecomunicaciones;

c) Las de establecimientos sanitarios de toda clase, tales como hospitales y clínicas;

d) Las de establecimientos de asistencia social de caridad y de beneficencia;

e) [Las de plantas de leche, plazas de mercado, mataderos y de todos los organismos de distribución de estos establecimientos, sean ellos oficiales o privados];

---

20 Corte Constitucional, Sentencia C-378 de 19 de mayo de 2010, M. P. Jorge Iván Palacio Palacio.

f) Las de todos los servicios de la higiene y aseo de las poblaciones;

g) Las de explotación, elaboración y distribución de sal;

h) Las de explotación, refinación, transporte y distribución de petróleo y sus derivados, cuando estén destinadas al abastecimiento normal de combustibles del país, a juicio del gobierno.

En la misma providencia también se hace referencia a otros servicios que deben ser considerados públicos como los que prestan instituciones financieras, entidades bancarias, empresas prestadores del servicio público de carreteras, administradoras privadas de régimen subsidiado, cajas de compensación, sociedades anónimas constituidas como empresas de servicio de transporte, empresas del sector privado que ofrecen y comercializan el seguro obligatorio de accidentes de tránsito, operadores de servicio de televisión, empresas de telefonía móvil celular y administradoras de cementerios, entre otras.

Teniendo en cuenta lo anterior, se revisará la normatividad atinente a algunos de los servicios listados para establecer si allí es posible encontrar diferenciación alguna entre las actividades o funciones de inspección, vigilancia y control:

- **Ramas del poder público:** en este ámbito encontramos los órganos de control (nombre muy diciente), que son la Contraloría General de la República y el Ministerio Público, conformado por la Procuraduría General de la Nación y la Defensoría del Pueblo. También encontramos la Auditoría General de la República, que supervisa a la Contraloría General de la República.

  La Contraloría, según lo dispuesto en el Decreto Ley 403 de 2020, "Por el cual se dictan normas para la correcta implementación del Acto Legislativo 04 de 2019 y el fortalecimiento del control fiscal", que derogó varias disposiciones de la Ley 42 de 1993, "Sobre la organización del sistema de control fiscal financiero y los organismos que lo ejercen", ejerce funciones de vigilancia y control fiscal, y las define de la siguiente manera (art. 2):

  - Vigilancia fiscal: Es la función pública de vigilancia de la gestión fiscal de la administración y de los particulares o entidades que manejen fondos o bienes públicos, que ejercen los órganos de control fiscal de manera autónoma e independiente de cualquier otra forma de inspección y vigilancia administrativa. Consiste en observar el desarrollo o ejecución de los procesos o toma de decisiones de los sujetos de control, sin intervenir en aquellos o tener injerencia en estas, así como con posterioridad al ejercicio de la gestión fiscal, con el fin de obtener información útil para realizar el control fiscal.

- Control fiscal: Es la función pública de fiscalización de la gestión fiscal de la administración y de los particulares o entidades que manejen fondos o bienes públicos, que ejercen los órganos de control fiscal de manera autónoma e independiente de cualquier otra forma de inspección y vigilancia administrativa, con el fin de determinar si la gestión fiscal y sus resultados se ajustan a los principios, políticas, planes, programas, proyectos, presupuestos y normatividad aplicables y logran efectos positivos para la consecución de los fines esenciales del Estado, y supone un pronunciamiento de carácter valorativo sobre la gestión examinada y el adelantamiento del proceso de responsabilidad fiscal si se dan los presupuestos para ello.

El control fiscal será ejercido en forma posterior y selectiva por los órganos de control fiscal, sin perjuicio del control concomitante y preventivo, para garantizar la defensa y protección del patrimonio público en los términos que establecen la Constitución Política y la ley.

La Contraloría tiene incluso funciones de policía judicial y jurisdiccionales para adelantar actividades de vigilancia y control fiscal (Título XI D. 403/20). Esta misma norma hace referencia a sistemas de control fiscal como el financiero, de legalidad, de gestión, etc., y además diferencia el control fiscal posterior y selectivo del control fiscal concomitante y preventivo.

Estos son ejemplos de cómo el mismo ordenamiento incurre en imprecisiones que generan confusión en cuanto al ámbito y contenido de cada una de las funciones de supervisión. En efecto, cuando trata de control fiscal concomitante y preventivo en realidad está refiriéndose a actividades o funciones de inspección y vigilancia (asistencia a reuniones con y sin voz, solicitudes de información, visitas de campo, realización de encuestas y entrevistas, entre otras), mientras que en el posterior y selectivo trata exclusivamente de funciones de control (actuación administrativa sancionatoria).

En adición a lo anterior, la norma se refiere de manera indiscriminada a "vigilancia y control" fiscal, sin delimitar el rango de acción de cada una de ellas, lo que de entrada permite dilucidar la falta de claridad conceptual que se evidencia en este tipo de norma dentro de nuestro ordenamiento.

En este ejercicio de vigilancia fiscal también encontramos a la Auditoría General de la República, cuyo objetivo es ejercer la función de vigilancia de la gestión fiscal, en la modalidad más aconsejable, mediante los sistemas de control financiero, de gestión y de resultados, en desarrollo de los principios de eficiencia, economía y equidad.

El Decreto Ley 272 de 2000, "Por el cual se determina la organización y funcionamiento de la Auditoría General de la República", establece en su artículo 2 y en el numeral 12 del artículo 17 que:

> Corresponde a la Auditoría General de la República ejercer la vigilancia y el control de la gestión fiscal de la Contraloría General de la República y de las contralorías departamentales, distritales, municipales, sin excepción alguna, y de los fondos de bienestar social de todas las contralorías, en los términos que establecen la Constitución y la ley.
>
> En ejercicio de sus funciones participan en el diseño de los planes, la definición de las políticas, el establecimiento de los programas generales de la administración de la Auditoría, la vigilancia fiscal y la ejecución de los planes, políticas, programas y proyectos administrativos, de vigilancia de la gestión fiscal y del adelanto del proceso de responsabilidad fiscal.

Como puede verse, para este caso también se establecen funciones que pueden enmarcarse en las categorías de inspección, vigilancia y control, sin establecer diferencias entre ellas desde su definición o marco funcional.

- **Empresas de transporte por tierra, agua y aire, acueducto, energía eléctrica y telecomunicaciones:** para el caso de esta categoría, encontramos que quienes ejercen funciones de inspección, vigilancia y control son la Superintendencia de Transporte, la Superintendencia de Servicios Públicos Domiciliarios, el Ministerio de Tecnologías de la Información y las Comunicaciones, la Agencia Nacional del Espectro y la Comisión de Regulación de Comunicaciones. Veamos:

- Transporte: La Superintendencia de Transporte tiene como objetivo principal la vigilancia, inspección, y control que le corresponden al presidente de la república como suprema autoridad administrativa en materia de tránsito, transporte y su infraestructura de conformidad con la ley y la delegación establecida en el Decreto 2409 de 2018, en aras de contribuir a una logística eficiente del sector.

  El Decreto 2409 de 2018, "Por el cual se modifica y renueva la estructura de la Superintendencia de Transporte y se dictan otras disposiciones", modificado por el Decreto 2402 de 2019, establece que la delegación se hace con el objeto de: (i) inspeccionar, vigilar y controlar la aplicación y el cumplimiento de las normas que rigen el sistema de tránsito y transporte; (ii) vigilar, inspeccionar, y controlar la permanente, eficiente y segura prestación del servicio de transporte, con excepción del servicio público de transporte terrestre automotor colectivo metropolitano, distrital y municipal de pasajeros, del servicio público de transporte, terrestre automotor individual de pasajeros en vehículos taxis en todo el territorio nacional y de la prestación del servicio escolar en vehículos particulares cuya vigilancia continuará a cargo de las autoridades territoriales correspondientes; (iii) inspeccionar y vigilar los contratos de concesión destinados a la construcción, rehabilitación, operación y/o mantenimiento de la infraestructura de transporte; (iv) inspeccionar, vigilar y controlar la aplicación de las normas para el desarrollo de la gestión de infraestructura propia del sector transporte; y (v) inspeccionar y vigilar los contratos de concesión destinados a la construcción, rehabilitación, operación, administración, explotación y/o mantenimiento de la infraestructura marítima, fluvial y portuaria.

  Para llevar a cabo lo anterior, tiene como funciones específicas las de (i) vigilar, inspeccionar y controlar el cumplimiento de las disposiciones que regulan la debida prestación del servicio público de transporte, puertos, concesiones e infraestructura, servicios conexos, y la protección de los usuarios del sector transporte, salvo norma especial en la materia; (ii) vigilar, inspeccionar y controlar las condiciones subjetivas de las empresas de servicio público de transporte, puertos, concesiones e infraestructura y servicios conexos; (iii) realizar visitas de inspección, interrogar, tomar declaraciones y, en general, decretar y practicar pruebas, con el fin de verificar el cumplimiento de las disposiciones de la normativa cuyo control es de competencia de la Superintendencia; (iv) solicitar a las autoridades públicas y particulares, el suministro y entrega de documentos públicos, privados, reservados, garantizando la cadena de custodia, y cualquier otra información que se requiera para el correcto ejercicio de sus funciones; (v) ordenar planes de mejoramiento, mediante acto administrativo de carácter particular, y cuando así se considere necesario, con la finalidad de subsanar las dificultades identificadas a partir del análisis del estado jurídico, contable, económico y administrativo interno de todos aquellos quienes presten el servicio de transporte, los puertos, las concesiones o infraestructura, servicios conexos y los demás sujetos previstos en la normativa vigente; (vi) adelantar y decidir las investigaciones administrativas a que haya lugar por las fallas en la debida prestación del servicio público de transporte, puertos, concesiones e infraestructura, servicios conexos, y o en la protección de los usuarios del sector transporte, de acuerdo con la normativa vigente; (vii) imponer las medidas y sanciones que correspondan de acuerdo con la normativa vigente, como consecuencia de la infracción de las normas relacionadas con la debida prestación del servicio público de transporte, puertos, concesiones e infraestructura, servicios conexos, y la protección de los usuarios del sector transporte; (viii) imponer las medidas y sanciones que correspondan por la inobservancia de órdenes e instrucciones impartidas por la Superintendencia o por la obstrucción de su actuación administrativa; (ix) ordenar, mediante acto administrativo de carácter particular y cuando así proceda, los correctivos necesarios para subsanar una situación crítica de los prestadores del servicio de transporte, los puertos, las concesiones o infraestructura, servicios conexos, y los demás sujetos previstos en la ley; (x) decretar medidas especiales o provisionales en busca de garantizar la debida prestación del servicio público de transporte, así como la correcta operación de los servicios conexos en puertos, concesiones e infraestructura, siempre privilegiando la protección de los derechos de los usuarios en los términos señalados en la normativa vigente; (xi) impartir instrucciones para la debida prestación del servicio público de transporte, puertos, concesiones e infraestructura, servicios conexos, y la protección de los usuarios del sector transporte, así como en las demás áreas propias de sus funciones; fijar criterios que faciliten su cumplimiento y señalar los trámites para su cabal aplicación; (xii) divulgar, promocionar y capacitar a los vigilados y público en general, en las materias de competencia de la Superintendencia; (xiii) emitir los conceptos relacionados con la debida prestación del servicio público de transporte, puertos, concesiones e infraestructura, servicios conexos, y la protección de los usuarios del sector transporte; (xiv) fijar las tarifas de las contribuciones y cobrar las multas que deban pagar las entidades vigiladas y controladas, de conformidad con la ley; (xv) administrar y llevar las bases de datos y registros asignados a la entidad y que resulten de competencia de la Superintendencia; y (xvi) todas las demás que se le atribuyan de conformidad con la ley.

En adición a lo anterior, mediante el Decreto 2402 de 2019 se modificó la estructura de la Supertransporte creando la Dirección de Prevención, Promoción y Atención a Usuarios del Sector Transporte, incluyendo dentro de sus funciones las siguientes: (i) reportar a la Dirección de Investigaciones de Protección a Usuarios del Sector Transporte, cuando a ello hubiere lugar, información relevante que pueda dar lugar al inicio de una investigación administrativa por infracción al régimen normativo correspondiente; (ii) divulgar y promocionar las disposiciones relacionadas con las normas de protección a usuarios del sector transporte, en coordinación con las Direcciones de Promoción y Prevención de la Superintendencia; (iii) fomentar y desarrollar actividades tendientes al cumplimiento de las normas de protección a usuarios del sector transporte; (iv) realizar capacitaciones sobre las funciones de la Superintendencia de Transporte en materia de protección de usuarios y generar contenidos con el objetivo de promover el conocimiento de la materia; (v) implementar campañas de prevención y acompañamiento para el cumplimiento de las normas de protección a usuarios del sector transporte; (vi) rendir al Superintendente de Transporte y al Superintendente Delegado los informes respecto del estado de los asuntos de su competencia y el grado de ejecución de sus programas; (vii) realizar visitas de inspección, interrogar, tomar declaraciones y, en general, practicar pruebas con observancia de las formalidades previstas en la Ley, respecto de las competencias propias de su naturaleza; (viii) recibir y gestionar las peticiones, quejas, reclamos, denuncias y sugerencias recaudadas en las actividades propias de su competencia teniendo en cuenta los procesos, términos y condiciones establecidos para su trámite; (ix) dar trámite a las peticiones, quejas, reclamos y denuncias en los asuntos que le sean asignados, teniendo en cuenta los procesos, términos y condiciones establecidos para su trámite; (x) requerir la elaboración y realizar el seguimiento de los planes de acción solicitados a los vigilados, tendientes al cumplimiento de las normas de protección a usuarios del sector transporte; (xi) coordinar con la Unidad Administrativa Aeronáutica Civil, dentro del marco de sus competencias, las acciones necesarias de intermediación cuando, por la necesidad del servicio, se requiera de manera inmediata el cumplimiento de las normas de protección a usuarios del sector transporte; (xii) velar, organizar y custodiar la totalidad de los documentos que le sean asignados para su trámite, de conformidad con las normas, políticas y procedimientos de archivo; y (xiii) las demás que se le asignen y correspondan a la naturaleza de la dependencia.

Dentro de las funciones enlistadas, en particular del numeral (ii) al (v), encontramos algunas que tienen que ver con una gestión enfocada a la prevención de la comisión de infracciones al régimen jurídico del sector, frente a las cuales debe establecerse si se pueden encajar en alguna de las categorías bajo estudio (inspección, vigilancia y control) o si, por el contrario, merecen una clasificación independiente dada su naturaleza, punto sobre el cual volveremos más adelante.

Ahora bien, como sucede con las demás normas que se han revisado hasta el momento, puede afirmarse que no existe una división o categorización de las funciones u objeto de la entidad o dependencia desde el punto de vista de cuál es la actividad de supervisión que se ejerce, ya sea inspección, vigilancia o control. Todo forma parte del mismo cúmulo de actividades, sin que se establezca de manera clara qué funciones pertenecen a qué actividad.

- Energía eléctrica: La Superintendencia delegada para Energía y Gas Combustible ejerce las funciones de inspección, vigilancia y control sobre la prestación del servicio público de energía eléctrica, a través de la Dirección Técnica de Gestión de Energía (Inspección y vigilancia) y la Dirección de Investigaciones de Energía y Gas Combustible (control). Esta labor se realiza mediante la revisión de la información que estas empresas reportan al Sistema Único de Información (SUI), administrado por la superintendencia, y visitas técnicas de inspección para conocer el estado de la prestación del servicio. Conforme a los resultados de estas acciones se establecen las medidas de apoyo, corrección o sanción que se requieran[21].

En cuanto a las funciones específicas de inspección, vigilancia y control y cómo ejercerlas, el Decreto 1369 de 2020, "Por el cual se modifica la estructura de la Superintendencia de Servicios Públicos Domiciliarios", establece que cumplirá las siguientes funciones: (i) adoptar las políticas, metodologías, estrategias y procedimientos para ejercer la supervisión sobre las entidades sometidas a su inspección, vigilancia y control y las demás actividades alas que les aplican las Leyes 142 y 143 de 1994; (ii) vigilar, inspeccionar y controlar el cumplimiento por parte de los vigilados de las disposiciones que regulan la debida prestación de los servicios públicos domiciliarios y

---

21 Superservicios, "Energía", Superintendencia de Servicios Públicos Domiciliarios, https://www.superservicios.gov.co/Empresas-vigiladas/Energia-y-gas-combustible/Energia.

la protección de los usuarios; (iii) vigilar, inspeccionar y controlar la correcta aplicación del régimen tarifario que fijen las Comisiones de Regulación respectivas, por parte de los prestadores de servicios públicos domiciliarios; (iv) administrar, mantener y operar el Sistema Único de Información —SUI—, que se surtirá de la información proveniente de los prestadores de servicios públicos sujetos a su control, inspección y vigilancia, para que su presentación al público sea confiable, conforme a lo establecido en el artículo 53 de la Ley 142 de 1994; (v) comprobar la incapacidad técnica, jurídica y económica de los prestadores de servicios públicos domiciliarios de acueducto y/o alcantarillado que se nieguen a expedir la certificación de la viabilidad y disponibilidad inmediata de prestación de estos servicios públicos domiciliarios y ordenar, cuando corresponda, el otorgamiento de dicha viabilidad y disponibilidad; (vi) vigilar que los entes económicos bajo inspección, vigilancia y control de la Superintendencia cumplan con las normas en materia de contabilidad, información financiera y aseguramiento de la información y aplicar las sanciones a que haya lugar por infracciones a las mismas; (vii) vigilar que los prestadores de servicios públicos domiciliarios publiquen las evaluaciones realizadas por los Auditores Externos de Gestión y Resultados por lo menos una vez al año, en medios masivos de comunicación en el territorio donde presten el servicio si los hubiere, y que sean difundidas ampliamente entre los usuarios; (viii) impartir instrucciones a los vigilados para que exijan únicamente los requisitos, trámites o procedimientos estrictamente necesarios; (ix) exigir modificaciones a los estatutos de las entidades descentralizadas que presten servicios públicos, que no se ajusten a lo dispuesto en la Ley 142 de 1994 o demás leyes que la modifiquen, sustituyan o complementen; (x) sancionar, de conformidad con lo señalado en el numeral 4 del artículo 80 de la Ley 142 de 1994, a las empresas que no respondan en forma oportuna y adecuada las quejas de los usuarios; (xi) ordenar la separación de los gerentes, miembros de las juntas directivas, de las empresas de servicios públicos domiciliarios, cuando se presente un incumplimiento reiterado de los índices de eficiencia, los indicadores de gestión y las normas de calidad; y (xii) ordenar la liquidación de las empresas prestadoras de servicios públicos domiciliarios intervenidas, cuando a ello hubiere lugar.

Adicionalmente, existen unas funciones comunes para las Superintendencias delegadas para Energía y Gas Combustible y para

Acueducto, Alcantarillado y Aseo, que son las siguientes: (i) Ejercer la inspección, vigilancia y control sobre los prestadores de servicios públicos domiciliarios y las actividades complementarias o asimiladas a estas a las que se les aplique el régimen de los servicios públicos domiciliarios, en aplicación de los lineamientos definidos por la Oficina de Administración de Riesgos y Estrategia de Supervisión; (ii) asesorar y recomendar al Superintendente, las políticas, estrategias, planes y programas para cada uno de los servicios públicos domiciliarios, en relación con la gestión de inspección, vigilancia y control, en el ámbito de su competencia; (iii) Evaluar la gestión técnica, operativa, financiera, comercial, administrativa y tarifaría de los prestadores de servicios públicos domiciliarios de acuerdo con los indicadores o procedimientos definidos por las Comisiones de Regulación y el ordenamiento jurídico aplicable y publicar los resultados de las respectivas evaluaciones; (iv) Solicitar documentos, inclusive contables y practicar las visitas, inspecciones y pruebas que sean necesarias para el cumplimiento de sus funciones; (v) Mantener un registro actualizado de los prestadores de los servicios públicos domiciliarios sometidos a la inspección, vigilancia y control; (vi) Proponer la definición lineamientos para la presentación, actualización y cargue de la información requerida para el ejercicio de la inspección, vigilancia y control; (vii) Participar en el diseño de lineamientos para la operación, actualización y mejora continua del Sistema Único de Información —SUI—, teniendo en cuenta las necesidades y requerimientos de información, siempre en coordinación con las demás Delegadas de la Superintendencia de Servicios Públicos Domiciliarios; (viii) Administrar el Sistema Único de Información —SUI— de los servicios públicos y la información de los prestadores de servicios públicos en él contenida; (ix) Solicitar los requerimientos tecnológicos para que la Oficina de Tecnologías de la Información y las Comunicaciones, mantenga actualizado el Sistema Único de Información —SUI— de acuerdo con las necesidades de las dependencias; (x) Revisar, para firma del Superintendente, el acto administrativo mediante el cual se defina por vía general la información que los prestadores de servicios públicos domiciliarios deben proporcionar sin costo al público, y los requisitos y condiciones para que los usuarios puedan solicitar y obtener información completa, precisa y oportuna, sobre todas las actividades y operaciones directas o indirectas que se realicen para la prestación de los servicios públicos, siempre y cuando no se trate de información calificada como secreta o de reserva por la ley; (xi) Vigilar el cumplimiento de las leyes y actos administrativos por parte de los prestadores de los servicios públicos domiciliarios, en cuanto el cumplimiento afecte en forma directa e inmediata a usuarios y adelantar los procedimientos encaminados a sancionar sus violaciones; (xii) Efectuar el análisis sobre la asimilación de actividades principales o complementarias que componen la cadena de valor de los servicios públicos y la obligación de constituirse como empresas de servicios públicos domiciliarios; (xiii) Vigilar el cumplimiento de los contratos entre los prestadores de servicios públicos domiciliarios y los usuarios, así como adelantar los procedimientos encaminados a sancionar sus violaciones; (xiv) Aprobar los documentos a través de los cuales se impongan programas de gestión a los prestadores que amenacen de forma grave la prestación continua y eficiente de un servicio público domiciliario; (xv) Vigilar la correcta aplicación del régimen tarifaría por parte de los prestadores de servicios públicos domiciliarios; (xvi) Emitir conceptos no obligatorios a petición de la parte interesada, sobre la forma en que pueden ser afectados los contratos entre las empresas de servicios públicos domiciliarios y los usuarios, ante eventos relacionados con la situación patrimonial de los prestadores de los servicios públicos domiciliarios; (xvii) Conceder o negar, mediante resolución motivada, el permiso para cambiar a los auditores externos de gestión y resultados en los términos de ley; (xviii) Recomendar al prestador de servicios públicos domiciliarios la remoción de su auditor externo de gestión y resultados, cuando encuentre que éste no cumple a cabalidad sus funciones; (xix) Expedir la certificación con destino a la Dirección de Impuestos y Aduanas Nacionales (DIAN), sobre el valor aceptado del cálculo actuarial previa verificación de que se encuentre adecuadamente registrado en la contabilidad del prestador de servicios públicos domiciliarios; (xx) Aprobar el cálculo actuarial por medio del cual se autorizan los mecanismos de normalización de pasivos pensionales, que sean solicitados por los prestadores a la Superintendencia; (xxi) Adelantar el estudio técnico que fundamente la recomendación al Superintendente de efectuar la toma de posesión de los prestadores de servicios públicos en los casos y para los propósitos que contempla el artículo 59 de la Ley 142 de 1994; (xxii) Proyectar las solicitudes de concepto dirigidas a las Comisiones de Regulación para la toma de posesión de los prestadores de servicios públicos domiciliarios;

(xxiii) Aprobar los estudios donde se demuestre que los costos de prestación de los servicios por parte del municipio son inferiores a los de las empresas interesadas en prestar el servicio y, que la calidad y la atención para el suscriptor o usuario sean por lo menos iguales a los que tales empresas pueden ofrecer en dichos municipios; (xxiv) Aprobar las especificaciones técnicas para la licitación pública, de acuerdo con lo previsto en el parágrafo del artículo 61 de la Ley 142 de 1994 o el que lo sustituya, modifique o derogue; (xxv) Recomendar al Superintendente la imposición de las sanciones previstas en el artículo 81 de la Ley 142 y el artículo 43 de la Ley 143 de 1994; (xxvi) Recomendar al superintendente impartir la orden de modificación en los estatutos de las entidades descentralizadas que presten servicios públicos y no hayan sido aprobados por el Congreso de la República, si no se ajustan a lo dispuesto en la Ley 142 de 1994 o demás leyes que la modifiquen, sustituyan o complementen; (xxvii) Recomendar a la administración de los prestadores sometidos a su inspección, vigilancia y control, la remoción del Auditor Externo cuando encuentre que éste no cumpla cabalmente sus funciones, de conformidad con el artículo 51 de la Ley 142 de 1994; (xxviii) Fijar los lineamientos para vigilar que los subsidios presupuestales que la nación, los departamentos y los municipios destinan a las personas de menores ingresos, se utilicen en la forma prevista en las normas pertinentes; (xxix) Aprobar los estudios que sirvan de base para que el Superintendente formule recomendaciones a las Comisiones de Regulación, en cuanto a la regulación y promoción del balance de los mecanismos de control y en cuanto a las bases para efectuar la evaluación de la gestión y resultados de los prestadores de los servicios públicos; (xxx) Atender y resolver las consultas y peticiones relacionadas con los asuntos de su competencia; (xxxi) Notificar los actos administrativos emanados de la Delegada correspondiente; (xxxii) Participar en el desarrollo y sostenimiento del Sistema Integrado de Gestión Institucional; (xxxiii) Las demás que le sean asignadas y que correspondan a la naturaleza de la dependencia.

Lo propio sucede con las Direcciones Técnicas de Gestión, que en términos generales deben ejercer las siguientes funciones: (i) Evaluar la gestión técnica, financiera, contable, comercial y administrativa de los prestadores de servicios públicos domiciliarios sujetos a la inspección, vigilancia y control, de acuerdo con los indicadores o procedimientos definidos por las comisiones de regulación y el ordenamiento jurídico vigente; (ii) Proyectar el acto administrativo mediante el cual se adoptan las categorías de clasificación que establezcan las respectivas Comisiones de Regulación, y clasificar a los prestadores de servicios públicos domiciliarios sujetos a inspección, vigilancia y control, en los términos de ley; (iii) Ejercer vigilancia al cumplimiento de las leyes y actos administrativos a los que estén sujetos quienes presten servicios públicos domiciliarios, en cuanto el cumplimiento afecte en forma directa e inmediata a usuarios determinados; (iv) Verificar la consistencia y la calidad de la información que sirve de base para efectuar la evaluación permanente de gestión y resultados de los prestadores de servicios públicos domiciliarios sometidos a inspección, vigilancia y control, así como de aquella información del prestador de servicios públicos domiciliarios que esté contenida en el Sistema único de Información —SUI—; (v) Verificar que los municipios que presta en forma directa uno o varios servicios públicos domiciliarios no se encuentre incurso en una de las causales señaladas en el inciso 3 del numeral 6.4 del artículo 6 de la Ley 142 de 1994; (vi) Solicitar documentos, practicar las visitas de inspección y pruebas a los prestadores de servicios públicos domiciliarios que sean necesarias para el cumplimiento de sus funciones; (vii) Formular las observaciones sobre los estados financieros y contables a los prestadores de los servicios públicos domiciliarios; (viii) Solicitar documentos, inclusive contables y financieros, a los prestadores, entidades públicas, privadas o mixtas, auditores externos, interventores o supervisores y privados, entre otros, que tengan información relacionada con la prestación de los servicios públicos domiciliarios, para lo cual podrán practicar las visitas, inspecciones y pruebas que sean necesarias; (ix) Evaluar para consideración del Superintendente Delegado, si la alternativa propuesta por los productores de servicios marginales no causa perjuicios a la comunidad, cuando haya servicios públicos domiciliarios disponibles de acueducto y saneamiento básico, en los términos previstos en el parágrafo del artículo 16 de la Ley 142 de 1994; (x) Vigilar que los prestadores de servicios públicos domiciliarios sometidos a la inspección, vigilancia y control de la Superintendencia de Servicios Públicos Domiciliarios den cumplimiento a las normas en materia de control interno; (xi) Ejercer vigilancia al cumplimiento de los contratos entre las empresas de servicios públicos y los usuarios; (xii) Ejercer vigilancia sobre la correcta aplicación del régimen tarifario por parte de los prestadores de servicios públicos domiciliarios; (xiii) Vigilar que los subsidios presupuestales que la nación, los departamentos y los municipios destinan a las personas de menores ingresos, a que hace referencia el artículo 89 de la Ley 142 de 1994, se utilicen en la forma prevista en las normas pertinentes; (xiv) Acompañar la implementación, mediante el Sistema Único de Información —SUI—, del control y la vigilancia permanente del cabal cumplimiento de las estratificaciones, adoptadas por decreto de los Alcaldes, al cobro de las tarifas de servicios públicos domiciliarios por parte de las prestadoras; (xv) Vigilar que los prestadores de los servicios públicos sometidos a la inspección, vigilancia y control de la Superintendencia contraten una auditoría externa permanente con personas privadas especializadas;(xvi) Vigilar la auditoría externa de gestión y resultados de los prestadores de servicios públicos domiciliarios, de acuerdo con los criterios, metodologías, indicadores, parámetros y modelos que definan las Comisiones de Regulación; (xvii) Realizar el análisis y proyectar el acto administrativo a través del cual se aprueba el cambio de auditor externo de gestión y resultados y/o se recomienda la remoción del auditor externo de gestión y resultados conforme al artículo 51 de la Ley 142 de 1994; (xviii) Supervisar el cumplimiento del balance de control, en los términos del artículo 45 de la Ley 142 de 1994; (xix) Elaborar los estudios y demás documentos a través de los cuales se impongan o acuerden programas de gestión a las empresas que amenacen de forma grave la prestación continua y eficiente de un servicio, y realizar seguimiento a la implementación de los mismos; (xx) Verificar que los prestadores apliquen las acciones correctivas derivadas de las evaluaciones de gestión y resultados, de los informes de inspección, así como de los programas de gestión y de los informes de los auditores externos; (xxi) Proyectar el acto administrativo que decida sobre la asimilación de actividades principales o complementarias que componen la cadena de valor de los servicios públicos y la obligación de constituirse como empresas de servicios públicos domiciliarios; (xxii) Vigilar y controlar la ejecución de los esquemas Asociación Público-Privada (APP) de los prestadores de servicios públicos domiciliarios, de conformidad con los términos señalados por la comisión de regulación; (xxiii) Elaborar los estudios que sustenten la obligación de modificar los estatutos de las entidades descentralizadas que presten servicios públicos domiciliaros y no hayan sido aprobados por el Congreso, si no se ajustan a lo dispuesto en la

Ley 142 de 1994 o demás leyes que la modifiquen, sustituyan o complementen; (xxiv) Elaborar el estudio del cálculo actuarial presentado por los prestadores y emitir el documento de análisis para autorizar los mecanismos de normalización de pasivos pensionales, que le sean solicitados a la Superintendencia; (xxv) Elaborar los estudios y el proyecto de acto administrativo mediante el cual se defina por vía general la información que los prestadores deben proporcionar sin costo al público y señalar en concreto los valores que deben pagar las personas por la información especial que pidan las prestadoras de servicios públicos domiciliarios, si no hay acuerdo entre el solicitante y aquella; (xxvi) Elaborar los estudios y el proyecto de acto administrativo mediante los cuales se señalan los requisitos y condiciones para que los usuarios puedan solicitar y obtener información completa, precisa y oportuna, sobre todas las actividades y operaciones directas o indirectas que se realicen para la prestación de los servicios públicos, siempre y cuando no se trate de información calificada como secreta o de reserva por la ley; (xvii) Efectuar los requerimientos especiales relacionados con la solicitud de información a los prestadores establecidas en el numeral 15 del artículo 79 de la Ley 142 de 1994; (xxviii) Elaborar los estudios relativos a la liquidación de las entidades de servicios públicos domiciliarios del orden municipal que presenten un servicio en forma monopolística, de acuerdo con la ley; (xxix) Elaborar los estudios donde se demuestre que los costos de prestación de los servicios por parte del municipio son inferiores a los de las empresas interesadas en prestar el servicio y que la calidad y la atención para el consumidor sean por lo menos iguales a los que tales empresas pueden ofrecer en dichos municipios, de acuerdo con las metodologías que establezcan las Comisiones de Regulación; (xxx) Elaborar los estudios técnicos que soporten la toma de posesión de los prestadores de servicios públicos domiciliarios y remitirlos a la Dirección de Entidades Intervenidas y en Liquidación, previa aprobación del Superintendente Delegado correspondiente; (xxxi) Elaborar las especificaciones técnicas para la licitación pública, de acuerdo con lo previsto en el parágrafo del artículo 61 de la Ley 142 de 1994 o el que lo sustituya, modifique o derogue; (xxxii) Proyectar el acto administrativo mediante el cual el Superintendente, cuando considere que a ello haya lugar, ordene la separación de los gerentes o de miembros de las juntas directivas de los prestadores, cuando éstas incumplan de manera reiterada los índices de eficiencia, los indicadores de gestión y las normas de calidad definidos; (xxxiii) Adelantar las gestiones requeridas para que el Superintendente designe o contrate una persona o autoridad para la práctica de pruebas y decisión de recursos, de acuerdo con lo establecido en el artículo 109 de la Ley 142 de 1994; (xxxiv) Exigir que los prestadores de servicios públicos domiciliarios le comuniquen a la Superintendencia las tarifas, cada vez que sean reajustadas, y que adicionalmente las publiquen por una vez en un periódico que circule en los municipios donde se preste el servicio o en uno de circulación nacional; (xxxv) Elaborar los estudios que sirvan de base para que el Superintendente formule recomendaciones a las Comisiones de Regulación, en cuanto a la regulación y promoción del balance de los mecanismos de control y en cuanto a las bases para efectuar la evaluación de la gestión y resultados de las personas prestadoras de los servicios públicos sujetos a su inspección, vigilancia y control; (xxxvi) Vigilar que los prestadores de servicios públicos publiquen las evaluaciones realizadas por los Auditores Externos por lo menos una vez al año, en medios masivos de comunicación en el territorio donde presten el servicio si los hubiere, y que dichas evaluaciones sean difundidas ampliamente entre los usuarios; (xxxvii) Requerir la presentación oportuna de los informes de evaluación a los auditores externos; (xxxviii) Atender y resolver las consultas y peticiones relacionadas con los asuntos de su competencia; (xxxix) Participar en el desarrollo y sostenimiento del Sistema Integrado de Gestión Institucional; (xl) Las demás que le sean asignadas y que correspondan a la naturaleza de la dependencia.

Por su parte, las Direcciones de Investigaciones tienen las siguientes funciones: (i) Adelantar el procedimiento administrativo sancionatorio frente al incumplimiento de las leyes, contratos y actos administrativos a los que estén sujetos quienes presten servicios públicos domiciliarios; (ii) Proyectar todos los actos administrativos y documentos propios de la actuación administrativa sancionatoria a su cargo; (iii) Ordenar, instruir, decretar y practicar las pruebas que sean necesarias para el cumplimiento de sus funciones y en desarrollo de los procesos administrativos sancionatorios que se adelanten; (iv) Proyectar los actos administrativos por medio de los cuales se sanciona a los prestadores de servicios públicos, vigilados, auditores externos y otras entidades con naturaleza pública, privada o mixta, que teniendo información relacionada con los servicios públicos domiciliarios, no atienden de manera oportuna y adecuada las solicitudes y requerimientos que la Superintendencia realice en ejercicio de sus funciones, en los términos previstos en el numeral 34 del artículo 79 de la Ley 142 de 1994; (v) Proyectar, en coordinación con los Directores de Investigaciones de las Superintendencias Delegadas, los actos administrativos por medio de los cuales el Superintendente ordene, cuando a ello haya lugar, la separación de los gerentes o de miembros de las juntas directivas de las empresas cuando éstas incumplan de manera reiterada los índices de eficiencia, los indicadores de gestión y las normas de calidad; (vi) Proyectar las resoluciones de los recursos interpuestos contra las decisiones del Superintendente y de los Delegados en desarrollo del procedimiento sancionatorio; (vii) Coordinar con la Dirección de Entidades Intervenidas y en Liquidación la proyección de los actos administrativos por medio de .los cuales el Superintendente decrete la toma de posesión de las entidades objeto de intervención, cuando ésta sea el resultado de una investigación; (viii) Mantener control y registro actualizado de las investigaciones adelantadas y de las sanciones impuestas a los prestadores y hacer los análisis estadísticos correspondientes; (ix) Desarrollar las actuaciones administrativas sancionatorias solicitadas por las Comisiones de Regulación en los términos del artículo 73.18 de la Ley 142 de 1994 y elaborar los informes que respecto de las mismas sean requeridos por dichos entes; (x) Adelantar la actuación administrativa sancionatoria al deudor moroso que no haya cancelado los honorarios al auxiliar de la administración que practicó o practicará la prueba según lo establecido en el artículo 109 de la Ley 142 de 1994; (xi) Adelantar la actuación administrativa sancionatoria, en defensa de los usuarios y para proteger la salud y bienestar de la comunidad, a los Alcaldes y administradores de aquellos municipios que presten en forma directa uno o más servicios públicos; (xii) Notificar todos los actos administrativos que emita la dependencia; (xiii) Participar en el desarrollo y sostenimiento del Sistema Integrado de Gestión Institucional; (xiv) Las demás que le sean asignadas y que correspondan a la naturaleza de la dependencia.

Como si fuera poco, existen unas funciones específicas para cada una de las Superintendencias delegadas nombradas con anterioridad. Para el caso de la delegada para Energía Eléctrica y Gas Combustible, estas son: (i) Proyectar, para la firma del Superintendente, el concepto que autorice, en el marco de los contratos de concesión, la sustitución al concesionario, en la prestación del servicio público domiciliario de acuerdo con lo previsto en el artículo 63 de la Ley 143 de 1994; (ii) Apoyar al Superintendente de Servicios Públicos Domiciliarios en las funciones del Comité de Seguridad Gas Licuado Petróleo; (iii) Ejercer la inspección y vigilancia sobre los mercados mayoristas de energía eléctrica y gas combustible.

Para el caso de las funciones mencionadas, a pesar de que orgánicamente se vislumbra la intención de separar funcionalmente el ejercicio de la inspección y vigilancia y el control (inspección y vigilancia en cabeza de las Direcciones Técnicas de Gestión y el control desde las Direcciones de Investigaciones), una vez más se identifica la falta de división o categorización de cada una de ellas según la actividad específica de supervisión que las caracteriza, creándose así la dificultad de determinar dónde empieza y termina su gestión. Adicionalmente, encontramos que aquí se brinda la posibilidad a la entidad supervisora de adoptar medidas administrativas que pueden llegar incluso a terminar con la vida jurídica de la empresa intervenida (de hecho, existe una Dirección de Entidades Intervenidas y en Liquidación que se dedica exclusivamente a esas funciones), situación que no se presenta en todos los sectores supervisados y que por tanto nos lleva a cuestionarnos la necesidad de su existencia, punto sobre el cual volveremos más adelante.

- Acueducto: para lo que guarda relación con agua potable y saneamiento básico, la Superservicios cuenta con la Superintendencia delegada para Acueducto, Alcantarillado y Aseo, que a su vez cuenta con las Direcciones Técnicas de Gestión de Acueducto y Alcantarillado y de Gestión de Aseo, adelantando funciones de inspección y vigilancia, y la Dirección de Investigaciones de Acueducto, Alcantarillado y Aseo que tiene a cargo las funciones de control.

  Al hacer referencia al servicio de energía eléctrica se enlistaron las funciones comunes para las Superintendencias delegadas para Energía y Gas Combustible y para Acueducto, Alcantarillado y Aseo, por lo cual no se volverán a incluir en este aparte. Las funciones específicas para la Superintendencia delegada para Acueducto, Alcantarillado y Aseo, son las siguientes: (i) Determinar si la alternativa propuesta por los productores de servicios marginales en los términos previstos en el parágrafo del artículo 16 de la Ley 142 de 1994 no causa perjuicios a la comunidad, cuando haya servicios públicos domiciliarios disponibles de acueducto y saneamiento básico; (ii) Definir los criterios diferenciales para adelantar la inspección, vigilancia y control a los prestadores de acueducto, alcantarillado y aseo en las áreas urbanas y rurales de difícil acceso de conformidad con la Ley; (iii) Fijar los lineamientos necesarios para el estudio de la capacidad técnica y económica del prestador que niegue el otorgamiento de la disponibilidad y viabilidad inmediata del servicio a quien le solicite; (iv) Encargar a terceros especializados la toma de muestras de calidad del agua en cualquier lugar del área de prestación del servicio y del sistema que sea técnicamente posible, y gestionar la contratación de laboratorios para el análisis de las mismas y disponer de estas de acuerdo con lo previsto en el numeral 35 del artículo 79 de la Ley 142 de 1994 y las normas que la sustituyan, adicionen o modifiquen.

De las anteriores normas se desprende, una vez más, que existen múltiples funciones en cabeza de distintas dependencias de los órganos encargados de ejercer funciones de inspección, vigilancia y control, pero no existe claridad respecto de cuándo se está ejerciendo qué actividad de estas; existe una mezcla de funciones que dificultan establecer en qué estadio de la supervisión se encuentra cada una de dichas facultades.

- Telecomunicaciones: para el caso de las telecomunicaciones, encontramos que las funciones de inspección, vigilancia y control se encuentran divididas entre el Ministerio de Tecnologías de Información y las Comunicaciones, la Agencia Nacional del Espectro y la Comisión de Regulación de Comunicaciones. El Ministerio ejerce dichas funciones desde la Dirección de Vigilancia, Inspección y Control, que a su vez cuenta con una Subdirección de Vigilancia e Inspección y una Subdirección de Investigaciones Administrativas. Por su parte, la ANE cuenta con la Subdirección de Vigilancia y Control para esos efectos, y la CRC cuenta con la Sesión de Comisión de Contenidos Audiovisuales.

  Las funciones de inspección, vigilancia y control en cabeza de MinTIC se encuentran asignadas mediante el numeral 11 del artículo 18 de la Ley 1341 de 2009, y las de vigilancia del pleno ejercicio de los derechos de información y de la comunicación, así como el cumplimiento de la responsabilidad social de los medios de comunicación se encuentran en el numeral 12 del mismo artículo.

El Decreto 1064 desarrolla esas funciones y las ubica en cabeza de la Dirección de Inspección, Vigilancia y Control, así:

Art. 1.4 (Objetivos del Ministerio): Definir la política pública y adelantar la inspección, vigilancia y control del sector Tecnologías de la Información y las Comunicaciones, incluyendo el servicio de televisión abierta radiodifundida y el servicio de radiodifusión sonora, con excepción de aquellas funciones de inspección, vigilancia y control, a cargo de la Comisión de Regulación de Comunicaciones y a la Agencia Nacional del Espectro.

Art. 2.10. (Funciones): Ejercer las funciones de inspección, vigilancia y control en el sector de Tecnologías de la Información y las Comunicaciones, conforme con la Ley.

Art. 2.11. (Funciones): Vigilar el pleno ejercicio de los derechos de información y de la comunicación, así como el cumplimiento de la responsabilidad social de los medios de comunicación, los cuales deberán contribuir al desarrollo social, económico, cultural y político del país y de los distintos grupos sociales que conforman la nación colombiana, sin perjuicio de las competencias de que trata el artículo 76 de la Constitución Política.

Art. 21 (Funciones DVIC): (i) Dirigir los procesos y procedimientos de inspección, vigilancia y control respecto del cumplimiento del régimen de telecomunicaciones, televisión, radiodifusión sonora y postal, de orden legal, reglamentario, contractual y regulatorio de quienes provean servicios de telecomunicaciones, televisión, radiodifusión sonora y de los servicios postales, de responsabilidad del Ministerio, y expedir los actos administrativos requeridos en cada proceso; (ii) Orientar a los prestadores de servicios de telecomunicaciones y servicios postales en la implementación de medidas para el cumplimiento de sus obligaciones y para el fomento de la cultura de la legalidad; (iii) Verificar el cumplimiento de las obligaciones legales, reglamentarias y regulatorias a cargo de los prestadores de servicios de telecomunicaciones y servicios postales; (iv) Verificar el cumplimiento y ejecución de las obligaciones de hacer; (v) Articular con las demás dependencias del Ministerio y otras entidades de gobierno, planes, programas y procesos que contribuyan a una cultura de cumplimiento de las obligaciones legales, reglamentarias, regulatorias y contractuales a cargo de los prestadores de prestadores de servicios de telecomunicaciones y servicios postales, de responsabilidad del Ministerio; (vi) Iniciar de oficio o a solicitud de parte procesos administrativos frente a los prestadores de servicios de telecomunicaciones y servicios postales; (vii) Llevar a cabo las investigaciones y practicar o comisionar, cuando sea necesario, las diligencias que correspondan de acuerdo con la normativa vigente; (viii) Decidir en primera instancia los procesos administrativos que se adelanten por la Subdirección de Investigaciones e imponer las sanciones que la ley y las normas autorizan; (ix) Llevar un registro y seguimiento de las actuaciones administrativas que se relacionen con la gestión de los prestadores de servicios de telecomunicaciones y servicios postales, en conexión con los sistemas de información dispuestos por el Ministerio para tal fin; (x) Expedir conceptos, circulares y demás actos administrativos que se requieran con el fin de orientar el ejercicio de las actividades inspección, vigilancia y control; (xi) Liderar, administrar y supervisar la ejecución de contratos que el Ministerio suscriba con terceros para adelantar actividades de Vigilancia, Inspección y Control sobre la integridad de la provisión de redes y servicios de telecomunicaciones y servicios postales; (xii) Decidir los recursos de reposición que sean interpuestos en contra de las decisiones emitidas y conceder el recurso de apelación ante el Viceministro que ejerce la segunda instancia en los términos del numeral 14 del artículo 13 del presente Decreto; (xiii) Las demás que le sean asignadas, inherentes a la naturaleza de la dependencia.

Las funciones de la Subdirección de Vigilancia e Inspección se encuentran establecidas en el artículo 22, así: (i) Diseñar, implementar y evaluar mecanismos que permitan verificar el cumplimiento de los prestadores de servicios de telecomunicaciones y servicios postales, conforme a las obligaciones legales, reglamentarias, contractuales y regulatorias a su cargo, así como las obligaciones de hacer que les sean autorizadas; (ii) Recaudar las evidencias dentro de las actividades de inspección y remitirlas a la Subdirección de Investigaciones Administrativas, de conformidad con lo definido en proceso y normatividad vigente; (iii) Realizar visitas de inspección y vigilancia, directamente o con apoyo de un tercero, con fundamento en las obligaciones legales, reglamentarias, contractuales y regulatorias a cargo de los prestadores de servicios de telecomunicaciones y servicios postales; (iv) Realizar visitas de inspección a sus prestadores de servicios de telecomunicaciones y servicios postales, con el fin de obtener un conocimiento integral respecto a su situación de orden jurídico, técnico, administrativo, financiero y contable; (v) Adelantar averiguaciones preliminares, inspecciones administrativas y obtener la información que requiera de personas, instituciones o empresas ajenas a la inspeccionada, siempre que resulten necesarias en el desarrollo de sus funciones de inspección y se cumplan los requisitos legales; (vi) Acceder y recaudar la información, documentos, actos y contratos, para verificar el cumplimiento de las obligaciones en los ámbitos jurídico, técnico, administrativo, financiero y contable; (vii) Adelantar las diligencias de decomiso de conformidad con la normativa vigente;

(viii) Divulgar con los prestadores de servicios de telecomunicaciones y servicios postales el alcance de sus obligaciones legales, contractuales y regulatorias y divulgar la matriz de obligaciones para su debido cumplimiento; (ix) Brindar acompañamiento a los prestadores de servicios de telecomunicaciones y servicios postales para la implementación de medidas encaminadas al cumplimiento de las obligaciones legales, reglamentarias, contractuales y regulatorias, y los fines y principios y servicios para el caso de radiodifusión sonora; (x) Orientar a los prestadores de servicios de telecomunicaciones y servicios postales y desarrollar acciones que contribuyan al cumplimiento y a la generación de una cultura de cumplimiento de las obligaciones legales, reglamentarias, contractuales y regulatorias; (xi) Articular con las demás dependencias del Ministerio y otras entidades de gobierno, planes, programas y procesos que contribuyan a una cultura de cumplimiento de las obligaciones legales, reglamentarias, regulatorias o contractuales, así como frente a los fines y principios y servicios para el caso de radiodifusión sonora; (xii) Las demás que le sean asignadas, inherentes a la naturaleza de la dependencia.

Y las de la Subdirección de Investigaciones Administrativas las establece el artículo 23: (i) Adelantar las investigaciones administrativas, cuando en el marco de las funciones de inspección y vigilancia ejecutadas, se evidencien presuntas infracciones a las obligaciones legales, reglamentarias, contractuales y regulatorias por parte de los prestadores de servicios de telecomunicaciones y servicios postales; (ii) Adelantar las investigaciones administrativas cuando se evidencien presuntas prestaciones no autorizadas de los servicios de telecomunicaciones, televisión, radiodifusión sonora y postal, en el marco de competencias del Ministerio; (iii) Proyectar y aprobar actos administrativos para la firma de la Dirección, de acuerdo con el procedimiento administrativo sancionatorio aplicable, cuando se presenten incumplimientos a las obligaciones legales, reglamentarias, contractuales y regulatorias a cargo de los prestadores de servicios de telecomunicaciones y servicios postales; (iv) Adelantar e instruir la primera instancia los procesos administrativos sancionatorios, proferidos por la Dirección, para imponer las sanciones que correspondan de conformidad con la ley, a los prestadores de redes y servicios de telecomunicaciones, televisión, radiodifusión sonora y servicios postales; (v) Orientar la conformación de los títulos ejecutivos necesarios para la ejecución coactiva de las obligaciones originadas en multas o sanciones impuestas por el Ministerio; (vi) Informar de manera inmediata a las autoridades competentes las posibles conductas delictivas que se deriven de los hechos investigados dentro del proceso administrativo sancionatorio; (vii) Establecer con las dependencias responsables el proceso de suministro oportuno de la información requerida para adelantar los procesos administrativos sancionatorios; (viii) Resolver los recursos de reposición y las solicitudes de revocatoria directa interpuestas en contra de los actos administrativos que expidan en el desarrollo de las investigaciones administrativas; (ix) Diseñar y hacer seguimiento a los indicadores que permitan evidenciar los resultados e impactos de las acciones a su cargo; (x) Revisar y aprobar para firma de la Dirección, de acuerdo con el procedimiento administrativo sancionatorio aplicable, cuando se presenten incumplimientos a las obligaciones legales, reglamentarias y regulatorias a cargo de los prestadores de servicios de telecomunicaciones y servicios postales; y (xi) Las demás que le sean asignadas, inherentes a la naturaleza de la dependencia.

Para el caso del MinTIC, vemos que existe una subdivisión funcional al interior de la Dirección de Vigilancia, Inspección y Control, separando en una Subdirección las funciones de Inspección y Vigilancia y en otra las de Control, pero tampoco es claro cuál de cada una de sus funciones corresponde a qué etapa del proceso de supervisión.

Es importante referirnos también a la Resolución 3160 de 2017, modificada por la Resolución 0057 de 2021, "Por la cual se establece la Política Pública de Vigilancia Preventiva", pues su objetivo es el de contribuir al crecimiento y desarrollo del sector y al bienestar de los usuarios, optimizando la prestación de los servicios y previniendo la ocurrencia de incumplimientos de las obligaciones legales, reglamentarias o regulatorias, mediante la integración de los actores del sector, el fomento de la cultura del cumplimiento, la modernización, aplicación y divulgación de instrumentos de vigilancia y control, lo que podría tratar de enmarcarse en funciones de inspección, vigilancia y control, o formar un área aparte que permea dichas acciones, como ya se anunciara respecto del Sector Transporte. Esta política preventiva ha seguido siendo modificada, y a la fecha existe un proyecto de resolución publicada para comentarios que busca derogar las modificaciones hechas por la Resolución 0057 de 2021.

Las funciones de inspección, vigilancia y control de la ANE están establecidas en los numerales 4, 10 y 11 del artículo 26 de la Ley 1341 de 2009 en los siguientes términos:

4. Ejercer la vigilancia y control del espectro radioeléctrico, con excepción de lo dispuesto en el artículo 76 de la Constitución Política.

(...)

10. Adelantar las investigaciones a que haya lugar, por posibles infracciones al régimen del espectro definido por el Ministerio de Tecnologías de la Información y las Comunicaciones así como imponer las sanciones, con excepción de lo dispuesto en el artículo 76 de la Constitución Política.

11. Ordenar el cese de operaciones no autorizadas de redes, el decomiso provisional y definitivo de equipos y demás bienes utilizados para el efecto, y disponer su destino con arreglo a lo dispuesto en la ley, sin perjuicio de las competencias que tienen las autoridades Militares y de Policía para el decomiso de equipos.]

Estos artículos se desarrollan en el Decreto 093 de 2010, el cual en su artículo 2, numerales 4, 10, 11 y 12, establece:

4. Ejercer la vigilancia y control del espectro radioeléctrico, con excepción de lo dispuesto en el artículo 76 de la Constitución Política.

(...)

10. Adelantar las investigaciones a que haya lugar, por posibles infracciones al régimen del espectro definido por el Ministerio de Tecnologías de la Información y las Comunicaciones así como imponer las sanciones, con excepción de lo dispuesto en el artículo 76 de la Constitución Política.

11. Ordenar el cese de operaciones no autorizadas de redes, el decomiso provisional y definitivo de equipos y demás bienes utilizados para el efecto, y disponer su destino con arreglo a lo dispuesto en la ley, sin perjuicio de las competencias que tienen las autoridades Militares y de Policía para el decomiso de equipos.

12. Actualizar, mantener y garantizar la seguridad y confiabilidad de la información que se genere de los actos administrativos de su competencia.

Adicionalmente, en lo que respecta a la Subdirección de Vigilancia y Control, sus funciones se encuentran establecidas en el artículo 7 y son la siguientes: (i) Diseñar e implementar elementos de la política y procedimientos para vigilancia y control del espectro, en concordancia con las políticas nacionales y sectoriales y la normatividad vigente; (ii) Establecer y ejecutar los planes de vigilancia y control sobre el uso del espectro por parte de usuarios autorizados, así como la utilización no autorizada o ilegal del mismo; asegurar el oportuno y cabal cumplimiento de estos planes y procesos de control; (iii) Coordinar, dirigir, controlar y evaluar el desempeño de los diferentes grupos internos de trabajo que se creen dentro de la Subdirección; (iv) Coordinar con las dependencias que correspondan del Ministerio de Tecnologías de la Información y las Comunicaciones, MINTIC, las actividades de Vigilancia y Control sobre los derechos y obligaciones en el uso del espectro por parte de los usuarios autorizados; (v) Administrar el sistema automatizado de vigilancia y control del espectro, así como las estaciones fijas y móviles asociadas; (vi) Realizar la comprobación técnica de las emisiones e inspección de las estaciones; (vii) Detectar e identificar las transmisiones no autorizadas e informar al Director General de la Agencia sobre el particular; (viii) Informar a la Dirección General sobre las interferencias originadas en otros países; (ix) Investigar las quejas de interferencias, comprobar e identificar las fuentes de las mismas y elaborar el proyecto que las resuelve para firma del Director General de la Agencia; (x) Adelantar todas las actuaciones administrativas para establecer posibles infracciones al régimen nacional del espectro con excepción de lo dispuesto en el artículo 76 de la Constitución Política, y recomendar las sanciones pertinentes; (xi) Informar al Director General sobre el uso clandestino del espectro para que con base en los procedimientos establecidos, se efectúe el decomiso de los equipos utilizados en dicha actividad; (xii) Controlar y gestionar el manejo del archivo de los expedientes que se tramiten en la Subdirección; (xiii) Diseñar indicadores que permitan medir las acciones ejercidas para la Vigilancia y Control del Espectro y monitorear, evaluar las políticas, planes y proyectos relacionados; (xiv) Hacer el seguimiento y evaluación técnica de los planes, programas y proyectos generados en la Subdirección y reportar a las instancias correspondientes; (xv) Orientar, dirigir, coordinar y evaluar el desempeño de las funciones asignadas al personal de la Subdirección; (xvi) Desempeñar las demás funciones que le sean asignadas por el Director General, las que reciba por delegación y aquellas inherentes a la naturaleza de la dependencia y del cargo.

La Comisión de Regulación de Comunicaciones también ejerce funciones de inspección, vigilancia y control, pero se limitan a contenidos audiovisuales, en los siguientes términos (numerales 3 y 5 art. 8 Resolución 5917 de 2020): Vigilar y sancionar aquellas conductas que atenten contra el pluralismo informativo, el régimen de inhabilidades de televisión abierta y los derechos de los televidentes, contempladas en el ordenamiento jurídico vigente y sancionar a los operadores, concesionarios de espacios de televisión y contratistas de televisión nacional cuando violen las disposiciones constitucionales y legales que amparan específicamente los derechos de la familia y de los niños.

Para el caso del sector de telecomunicaciones la situación no es distinta a la de los demás sectores, pues existe multiplicidad de normas en las que de manera desordenada se establecen facultades que bien pueden ser de inspección, vigilancia o control.

- **Establecimientos financieros:** en el sistema financiero y asegurador[22], el ente encargado de ejercer funciones de supervisión es la Superintendencia Financiera. Dichas funciones y los objetivos que se buscan mediante su ejercicio se encuentran contenidos en la Constitución Política de Colombia, el Estatuto Orgánico del Sistema Financiero (EOSF) y la Ley 964 de 2005, entre otros.

  En el entendido que esta Superintendencia es un resultado de la fusión entre las antiguas Superintendencia Bancario y Superintendencia de Valores, son múltiples las normas que hacen referencia a las funciones de supervisión, aunque algunas de ellas son las siguientes: (i) Instruir a las instituciones vigiladas sobre la manera como deben cumplirse las dispo-

---

[22] El sistema financiero y asegurador está compuesto por: (i) Establecimientos de crédito; (ii) sociedades de servicios financieros; (iii) sociedades de capitalización; (iv) entidades aseguradoras; y (v) intermediarios de seguros y reaseguros (art. 1 Decreto Ley 663 de 1993, Estatuto Orgánico del Sistema Financiero).

siciones que regulan su actividad, fijar los criterios técnicos y jurídicos que faciliten el cumplimiento de tales normas y señalar los procedimientos para su cabal aplicación, así como instruir a las instituciones vigiladas sobre la manera como deben administrar los riesgos implícitos en sus actividades; (ii) Dictar las normas generales que deben observar las instituciones vigiladas en su contabilidad, sin perjuicio de la autonomía reconocida a estas últimas para escoger y utilizar métodos accesorios, de conformidad con la ley; (iii) Evaluar la situación de las inversiones de capital de las entidades vigiladas, para lo cual podrá solicitar a éstas, la información que requiera sobre dichas inversiones, sin que sea oponible la reserva bancaria; (iv) Verificar que las pólizas que deban poner las entidades aseguradoras a disposición de la Superintendencia cumplan con los requisitos jurídicos y técnicos previstos en la Ley; (v) Con el fin de realizar una supervisión comprensiva y consolidada, establecer en qué casos las entidades sometidas a su control y vigilancia deben consolidar sus operaciones con otras instituciones sujetas o no a su supervisión; (vi) Practicar visitas de inspección cuando exista evidencia atendible sobre el ejercicio irregular de la actividad financiera, obtenida de oficio o suministrada por denuncia de parte, a los establecimientos, oficinas o lugares donde operan personas naturales o jurídicas, no sometidas a vigilancia permanente, examinar sus archivos y determinar su situación económica, con el fin de adoptar oportunamente, según lo aconsejen las circunstancias particulares del caso, medidas eficaces en defensa de los intereses de terceros de buena fe, para preservar la confianza del público en general; (vii) Practicar visitas de inspección a las entidades vigiladas con el fin de obtener un conocimiento integral de su situación financiera, del manejo de sus negocios, o de los aspectos especiales que se requieran; (viii) Trasladar los informes de visita a las entidades inspeccionadas; (ix) Adelantar averiguaciones y obtener la información probatoria que requiera de personas, instituciones o empresas ajenas al sector financiero, siempre que resulten necesarias en el desarrollo de su función de vigilancia e inspección y se cumplan las formalidades legales; (x) Interrogar bajo juramento y con observancia de las formalidades previstas para esta clase de pruebas en el procedimiento judicial, a cualquier persona cuyo testimonio pueda resultar útil para el esclarecimiento de los hechos durante el desarrollo de sus funciones de inspección e investigación; (xi) Practicar visitas de inspección a entidades no sometidas a su control y vigilancia, examinar sus archivos y solicitar la información que se requiera para determinar si concurren los presupuestos para que ellas consoliden sus operaciones con entidades financieras o aseguradoras, o si existen vínculos u operaciones que puedan llegar a representar un riesgo para estas últimas; (xii) Emitir las órdenes necesarias para que se suspendan de inmediato las prácticas ilegales, no autorizadas e inseguras y se adopten las correspondientes medidas correctivas y de saneamiento cuando la Superintendencia considere que alguna institución sometida a su vigilancia ha violado sus estatutos o alguna disposición de obligatoria observancia, o esté manejando sus negocios en formas no autorizada o insegura; (xiii) Imponer una o varias de las medidas cautelares previstas en el artículo 108, numeral 1o. del Estatuto Orgánico del Sistema Financiero a las personas naturales y jurídicas que realicen actividades exclusivas de las instituciones vigiladas sin contar con la debida autorización; (xiv) Adoptar cuando lo considere pertinente y según las circunstancias, cualquiera de las siguientes medidas cautelares para evitar que una institución vigilada incurra en causal de toma de posesión de sus bienes, haberes y negocios, o para subsanarla:

- Establecer una vigilancia especial, en cuyo caso la entidad vigilada deberá observar los requisitos que para su funcionamiento establezca la Superintendencia Bancaria con el fin de enervar, en el término más breve posible, la situación que le ha dado origen;
- Coordinar con el Fondo de Garantías de Instituciones Financieras las acciones pertinentes, de acuerdo con las disposiciones que regulen su funcionamiento;
- Promover la administración fiduciaria de los bienes y negocios de la entidad por otra institución financiera autorizada;

- Ordenar la recapitalización de la institución, de acuerdo con las disposiciones legales;
- Promover la cesión total o parcial de sus activos, pasivos o contratos o la enajenación de sus establecimientos de comercio a otra institución, y;
- Disponer la fusión de la institución, en los términos previstos en el Capítulo II de, la Parte Tercera del Estatuto Orgánico del Sistema Financiero y demás normas vigentes al respecto;
- Ordenar la adopción de un plan de recuperación; (xv) Tomar posesión inmediata de los bienes, haberes y negocios de una institución vigilada cuando se presente alguno de los hechos previstos en el artículo 114 del Estatuto Orgánico del Sistema Financiero que, a juicio del Superintendente Bancario, hagan necesaria la medida, previo concepto del Consejo Asesor y con la aprobación del ministerio de Hacienda y Crédito Público; (xvi) Dar inmediato traslado al Fondo de Garantías de Instituciones Financieras o al juez competente, según corresponda, de los negocios, bienes y haberes de las entidades intervenidas, para su liquidación; (xvii) Ordenar, de oficio o a petición de parte, como medida cautelar o definitiva, que los representantes legales de las entidades vigiladas se abstengan de realizar acuerdos o convenios entre sí o adopten decisiones de asociaciones empresariales y prácticas concertadas que, directa o indirectamente tengan por objeto o efecto impedir, restringir o falsear el juego de la libre competencia dentro del sistema financiero y asegurador, sin perjuicio de las sanciones que con arreglo a sus atribuciones generales pueda imponer; (xviii) Ordenar, de oficio o a petición de parte, que se suspendan las prácticas que tiendan a establecer competencia desleal, sin perjuicio de las sanciones que con arreglo a sus atribuciones generales pueda imponer; (xix) Imponer a las instituciones vigiladas, directores, revisor fiscal o empleados de la misma, previas explicaciones de acuerdo con el procedimiento aplicable, las medidas o sanciones que sean pertinentes, por infracción a las Leyes a los estatutos o a cualquier otra norma legal a que deban sujetarse, así como por inobservancia de las órdenes e instrucciones impartidas

> por ella; (xx) Ordenar, en coordinación con el Fondo de Garantías de Instituciones Financieras, la exclusión de activos y pasivos de un establecimiento de crédito, cuando la medida sea necesaria, a juicio del Superintendente Financiero, previo concepto del Consejo Asesor[23].

En complemento de lo anterior, esta Superintendencia cuenta con un "Marco Integral de Supervisión" que contiene los principios y conceptos misionales que utiliza esa entidad para guiar la supervisión que realiza sobre sus vigiladas. Se trata de

> una metodología sistemática, coherente y que permite integrar los riesgos que pueden afectar a las entidades supervisadas y al sistema financiero. Por lo anterior, el trabajo de supervisión está centrado en la evaluación de los riesgos de las entidades supervisadas, lo cual permite determinar el impacto que, sobre su perfil de riesgos, puedan tener los eventos contemporáneos y futuros, tanto aquellos que se originan al interior de éstas como los provenientes del entorno en que desarrollan sus actividades[24].

El tipo de supervisión que ejerce la Superfinanciera es basado en riesgos, lo que la ubica a la vanguardia del ejercicio de dichas funciones, y nos brinda una perspectiva distinta para estudiarlas. La supervisión basada en riesgos o SBR consiste en un enfoque de supervisión que se centra en identificar los riesgos a los que están expuestas los distintos actores en el mercado en que operan y evaluar la manera en que estos actores gestionan y mitigan dichos riesgos. Para el caso de la supervisión ejercida por la SFC, sus funciones se enfocan en: (i) Análisis Financiero; (ii) Cumplimiento; (iii) Gestión de Riesgos; (iv) Auditoría Interna; (v) Actuaria; (vi) Alta Gerencia; y (vii) Junta Directiva. El enfoque del Marco Integral de Supervisión se orienta por los siguientes criterios:

(i) Supervisión comprensiva y consolidada: consiste en que se vigilan todas las entidades que forman parte del conglomerado financiero, sin importar la jurisdicción en la que operan.

---

23 Las funciones (i) a (v) se encuentran agrupadas bajo el título "Funciones de control y vigilancia", de la (vi) a la (xi) bajo el título "Facultades de supervisión", y de la (xii) a la (xx) bajo el título "Facultades de prevención y sanción".

24 Superintendencia Financiera de Colombia, "Marco Integral de Supervisión", volumen 4, (Bogotá, 2022), 3.

(ii) Enfoque en riesgos materiales: son aquellos que en caso de materializarse tengan la potencialidad de generar pérdidas a los depositantes, asegurados e inversionistas.

(ii) Supervisión basada en principios: se trata de determinar cuál es la mejor opción de supervisión aplicable a determinado vigilado, de forma tal que se asegure que sus riesgos son administrados correctamente.

(iv) Intensidad de supervisión e intervención: esto implica que la intensidad o nivel de intervención sobre el vigilado dependerá de la naturaleza, tamaño, complejidad, perfil de riesgos y de las potenciales consecuencias que pueda provocar su desaparición al sistema financiero.

(v) Evaluación de la estructura de gobierno de riesgos: debe centrarse la vigilancia en la definición de la estructura de gobierno de riesgos que hacen la Junta Directiva y la Alta Gerencia. De acuerdo con el documento de la SFC, "una estructura de Gobierno de Riesgos efectiva incluye una cultura de riesgos fuerte, un Marco de Apetito de Riesgo bien desarrollado y articulado a través de la Declaración de Apetito de Riesgos, y responsabilidades claramente definidas para la función de Gestión de Riesgos, en particular, y para las demás funciones de supervisión".

(vi) Evaluación de la cultura: para este punto se tienen en cuenta los valores, actitudes y comportamientos esperados por las personas que conforman la empresa o institución, incluyendo su difusión y entendimiento, para entender cómo estos asuntos impactan el relacionamiento de la organización con sus *stakeholders*.

(vii) Responsabilidad de los administradores: esto consiste en que los miembros de la Junta Directiva o la Alta gerencia sean conscientes de su deber de informar a la SFC de cualquier situación que guarde relación con las facultades de inspección, vigilancia y control de aquélla, y de su notificación oportuna.

(viii) Tolerancia al riesgo: como lo normal es que existan riesgos asociados a las operaciones y transacciones financieras, lo que se espera es que los responsables (Alta Gerencia y Junta Directiva) autoricen cualquier operación legítima y/o legal garantizando la seguridad para sus depositantes, inversionistas, tomadores de pólizas, afiliados y pensionados.

(ix) Opinión de los auditores externos: en el entendido que la SFC basa su actividad en estados financieros auditados por este tipo de profesionales, se espera de ellos apliquen su más alto criterio profesional en la realización de sus funciones.

(x) Utilización del trabajo de terceros: en ocasiones, la SFC se apoya en el trabajo de terceros para evitar duplicidad de trabajo y/o esfuerzos. De acuerdo con el documento antes mencionado, "Las fuentes externas que pueden ser utilizadas por la SFC en las actividades de supervisión incluyen el trabajo de, el auditor externo, las funciones de supervisión de las ES/CF, entre las que se incluyen la auditoría interna, la gestión de riesgos, la actuaría, el análisis financiero, el cumplimiento, la alta gerencia y la junta directiva. Otras fuentes externas incluyen, las agencias calificadoras y las agencias de supervisión extranjeras".

(xi) Estándares internacionales: por último, la SFC manifiesta que ha adoptado los siguientes estándares internacionales para la elaboración del modelo de supervisión: "los estándares en materia de supervisión establecidos por el Comité de Basilea de Supervisión Bancaria (BCBS), de la Asociación Internacional de Supervisores de Seguros (IAIS), de la Organización Internacional de Comisiones de Valores (IOSCO) y de la Organización Internacional de Supervisores de Pensiones (IOPS)".

Los anteriores criterios sirven para hacernos una idea de los frentes que deben ser supervisados, de forma tal que pueda garantizarse de mejor manera el ejercicio de la actividad (lo cual puede extrapolarse a otros ámbitos). Adicionalmente, nos presenta una seria de información para tener en cuenta para la estructuración de un modelo basado en riesgos, que parece ser el modelo que todas las entidades que ejercen funciones de supervisión están adoptando.

Los principios de los que trata el numeral (iii), antes explicado, y que guían la evaluación de riesgos son los siguientes:

- Supervisión prospectiva e intervención temprana: desde un enfoque preponderantemente preventivo, lo que se busca es una identificación previa de riesgos, de manera ex ante, con la finalidad de adelantarse a su materialización, y en ese sentido adoptar medidas que eventualmente sirvan para mitigarlos.
- Criterio adecuadamente sustentado: el sustento de la identificación de riesgos deberá ser el de las opiniones de los supervisores, que deberán ser claras, basadas en razonamientos válidos y debidamente sustentadas.
- Entender los determinantes del riesgo: se requiere de un conocimiento profundo del modelo de negocios de las entidades vigiladas y del entorno en el que desarrollan sus actividades. También debe entenderse la forma en que pueden evolucionar los riesgos y sus posibles impactos.
- Diferenciar entre los riesgos inherentes y la gestión de riesgos: dentro de la política debe diferenciarse muy bien lo que se conoce como riesgo inherente a la actividad del supervisado, y la gestión de riesgos como tal. El riesgo inherente es definido como "aquel que puede existir de manera intrínseca en toda actividad. Puede generarse por factores internos o externos y afectar la rentabilidad y el capital de las empresas. No puede ser eliminado, por lo cual su identificación debe contemplarse en los planes de gestión de las compañías"[25]. Para identificar los riesgos inherentes, se utilizan 3 métodos: (i) se debe tener la información actualizada que más se pueda acercar a la de la empresa y su control interno, como la cultura empresarial, sus valores y objetivos, operaciones y plantilla, con el fin de hallar las principales fuentes de riesgo inherente; (ii) se pueden diseñar, desde la misma dirección de la empresa, sistemas de evaluación e identificación del origen de los riesgos inherentes, con información acerca de las características de la actividad de la organización; (iii) se puede también relacionar los riesgos

[25] Chubb, "¿Qué es el riesgo inherente y cómo identificarlo?", Chubb, https://www.chubb.com/co-es/pymes/articulos/que-es-el-riesgo-inherente-y-como-actuar.html#:~:text=El%20riesgo%20inherente%20es%20aquel,de%20gestión%20de%20las%20compañías.

que se hayan identificado con las áreas y los procesos de la empresa, para conseguir un panorama que identifique el origen del riesgo inherente y las maneras de evitarlo.

- Ajuste dinámico: el proceso de supervisión debe ser flexible y dinámico, y debe ajustarse constantemente, de acuerdo con los cambios que puedan percibirse. Lo más normal es que exista mucha variación en los perfiles de riesgo.

- **Establecimientos sanitarios:** la Superintendencia de Salud es la encargada de ejercer funciones de Inspección, Vigilancia y Control en el sector Salud. La Ley 1122 de 2007, "Por la cual se hacen algunas modificaciones en el Sistema General de Seguridad Social en Salud y se dictan otras disposiciones", define en su artículo 35 qué debe entenderse por inspección, vigilancia y control, así:

  Para efectos del presente capítulo de la ley, se adoptan las siguientes definiciones:

> A. Inspección: La inspección, es el conjunto de actividades y acciones encaminadas al seguimiento, monitoreo y evaluación del Sistema General de Seguridad Social en Salud y que sirven para solicitar, confirmar y analizar de manera puntual la información que se requiera sobre la situación de los servicios de salud y sus recursos, sobre la situación jurídica, financiera, técnica-científica, administrativa y económica de las entidades sometidas a vigilancia de la Superintendencia Nacional de Salud dentro del ámbito de su competencia.
>
> Son funciones de inspección entre otras las visitas, la revisión de documentos, el seguimiento de peticiones de interés general o particular y la práctica de investigaciones administrativas.
>
> B. Vigilancia: La vigilancia, consiste en la atribución de la Superintendencia Nacional de Salud para advertir, prevenir, orientar, asistir y propender porque las entidades encargadas del financiamiento, aseguramiento, prestación del servicio de salud, atención al usuario, participación social y demás sujetos de vigilancia de la Superintendencia Nacional de Salud, cumplan con las normas que regulan el Sistema General de Seguridad Social en Salud para el desarrollo de este.
>
> C. Control: El control consiste en la atribución de la Superintendencia Nacional de Salud para ordenar los correctivos tendientes a la superación de la situación crítica o irregular (jurídica, financiera, económica, técnica, científico-administrativa) de cualquiera de sus vigilados y sancionar las actuaciones que se aparten del ordenamiento legal bien sea por acción o por omisión.

Por su parte, la Ley 1438 del 19 de enero de 2011, en su artículo 118 le otorga a la Supersalud en materia de Inspección,

Vigilancia y Control la implementación de procedimientos participativos que permitan la operación del sistema de forma articulada, vinculando las Personerías, la Defensoría del Pueblo, las Contralorías y otras entidades u organismos que cumplan funciones de control.

La Superintendencia Nacional de Salud expidió la Circular N.º 007 del 13 de diciembre del año 2011, cuyo objetivo es Fomentar el desarrollo de una Red de Controladores del Sector Salud que permita a las entidades, organismos y agentes responsables de la vigilancia, inspección y control, articularse entre sí para establecer mecanismos de coordinación, cooperación, concertación, inspección, vigilancia y control, en términos de colaboración interinstitucional, para un cabal logro de intereses comunes y sin perjuicio de la autonomía de cada una de las entidades del Estado y de la ciudadanía en el ejercicio de los derechos que le asisten.

A su vez, el artículo 119 del Decreto Ley 2150 de 1995 establece la obligación de la Supersalud en fomentar el desarrollo de la red de controladores del SGSSS; de tal manera, las funciones de inspección y vigilancia en el sistema son ejercidas por varias instituciones e instancias, entre ellas el Ministerio de Salud y Protección Social, la Superintendencia Nacional de Salud, el INVIMA, las Direcciones Seccionales de Salud, las Direcciones Locales de Salud, los Tribunales de ética en salud, la Procuraduría General de la Nación, la Contraloría General de la República, la Fiscalía General de la Nación, la Defensoría del Pueblo y las Personerías Municipales.

A pesar de la multiplicidad de entidades que forman parte de la Red de Controladores del SGSSS, se vislumbra un intento de definir en qué consiste cada una de las funciones de inspección, vigilancia y control, pese a que dichas definiciones no sean tan claras. Sin embargo, es un punto de partida para el ejercicio aquí planteado, pues es la única norma que diferencia dichas actividades.

La razón por la cual decidimos dejar para el final del barrido normativo al Sector Salud es que aquí sí encontramos un intento de definición de los conceptos de inspección, vigilancia y control, como se pudo ver en el artículo 35 de la Ley 1122 de 2007 antes citado, que será usado como punto de partida para las definiciones que aquí se van a plantear.

De las anteriores normas se evidencia una falta de claridad respecto de las funciones de inspección, vigilancia y control, pues se mezclan de manera indiscriminada y se otorgan facultades para unas que se hacen extensivas a otras, sin ningún orden, justificación o desarrollo, salvo por el ejemplo de la Supersalud.

En resumen, sin una organización metódica basada en la categorización de cada una de las funciones de supervisión, esto es, inspección, vigilancia y control, todos esos verbos contenidos en las normas se presentan al operador jurídico de la siguiente manera:

Figura 1.

Fuente: Creación propia.

Este desorden y falta de claridad se refleja también en la doctrina. No es mucha la literatura que existe respecto de la definición de las actividades de inspección, vigilancia y control, pues la mayoría se enfoca en esta última. En efecto, son bastantes los manuales de derecho administrativo sancionador[26] a los que puede hacerse cualquier

---

26 Ver, entre otros, Juan Gabriel Rojas López, *Derecho administrativo sancionador. Entre el control social y la protección de los derechos fundamentales,* (Bogotá, Universidad Externado de Colombia, 2020); Manuel Alberto Restrepo Medina y María Angélica Nieto Rodríguez, *El derecho administrativo sancionador en Colombia,* (Bogotá: Universidad del Rosario y Legis, 2017); Juan Manuel Laverde Álvarez, *Manual de procedimiento ad-*

interesado en la materia, pero lo cierto es que solamente se enfocan en la parte correctiva del ejercicio de policía administrativa, y no desarrollan la labor preventiva que se materializa en las actividades de inspección y vigilancia.

Como puede verse, la indefinición de la función de supervisión y sus componentes nos lleva a situaciones que eventualmente podrían vulnerar los derechos de los vigilados. Como ya se había mencionado, la misma Corte Constitucional es consciente de la dificultad que esto entraña, pues, por un lado, prácticamente existen tantos regímenes de supervisión como actividades supervisadas, lo que se traduce en una proliferación desmedida de normas que dificultan la tarea de los operadores jurídicos, además de configurarse situaciones jurídicas diferenciales que en principio no tendrían porqué presentarse. Así, una actuación de un vigilado que presta servicios de energía eléctrica puede tener un tratamiento completamente distinto de uno que presta servicios de telecomunicaciones, desde el punto de vista del enfoque preventivo que pueda darse a la situación, de la eventual sanción que pueda serle impuesta, e incluso de posibles órdenes administrativas que puedan afectar su constitución como sociedad y su gobierno corporativo.

Si bien es cierto que cada sector tiene sus particularidades, y se justifica que existan algunas diferencias (para las cuales sin duda alguna debe haber una o varias normas que las establezcan de manera expresa), lo cierto es que la base de las funciones de supervisión son las mismas para todos los casos. Se trata de una función plasmada en la Constitución Política, cuyo fin es velar por el cumplimiento de las obligaciones establecidas en el ordenamiento jurídico con el propósito de que se cumpla con unas condiciones mínimas en la prestación de servicios o desarrollo de actividades, y que así sean los usuarios de ellos quienes perciban un bienestar.

---

ministrativo sancionatorio, 2 ed., (Bogotá: Legis, 2018); Manuel Gómez Tomillo, *Derecho administrativo sancionador, parte general*, (Pamplona: Thomson-Aranzadi, 2008); Francisco García Gómez de Mercado, *Sanciones administrativas*, (Granada: Comares, 2007); Jaime Ossa Arbeláez, *Derecho administrativo sancionador*, 2 ed., (Bogotá: Legis, 2009); Jaime Orlando Santofimio Gamboa, *Reflexiones en torno a la potestad administrativa sancionadora: aplicación en el sector energético, ambiental, de telecomunicaciones y en otros sectores*, Colección de Estudios en Derecho Minero y Energético, (Bogotá: Universidad Externado de Colombia, 2014).

Vale la pena, entonces, recuperar la inquietud de la Corte Constitucional respecto de la pluralidad de regímenes y los problemas que de allí derivan, y proponer desde este lugar un régimen de supervisión de carácter general, en el que existan definiciones claras respecto de cada una de las etapas y/o actividades del proceso de supervisión, que pueda ser adoptado en ámbitos diferentes, sin perjuicio de que sus características específicas sean definidas por la especialidad requerida, pero siempre dentro de ese ámbito general que brinda homogeneidad en cuanto a los fundamentos y límites de la supervisión.

Con base en lo anterior, y para tratar de dar un orden y conceptualizar estas categorías, lo primero que debemos tener en cuenta es que el proceso de supervisión, desde un punto de vista conservador o tradicional, consta de dos fases: vigilancia y control. Siendo la fase de vigilancia aquella donde se despliegan todas las actividades previas al inicio de una actuación administrativa de carácter sancionatorio, y la de control, aquella en la que se inicia, sustancia y decide dicha actuación administrativa. Con el paso del tiempo y la tecnificación de la función de supervisión, se incorporó al proceso el concepto de "inspección", que actualmente se confunde con funciones de vigilancia.

Por su parte, la doctrina autorizada ha hecho un esfuerzo en tratar de definir en qué consiste cada una de las actividades antes mencionadas, abriendo el debate a la cuestión de si debe existir alguna definición desde el punto de vista normativo, y de ser así, dónde debería estar contenida dicha definición. Así, tenemos a Laverde, quien al respecto ha manifestado que "[L]a Constitución dispone expresamente que las funciones de inspección y vigilancia son administrativas y, por lo mismo, deben estar siempre supeditadas a la ley, aunque no establece su alcance". Al respecto, el Concepto 2223 del 16 de abril de 2015 emitido por la Sala de Consulta y Servicio Civil del Consejo de Estado señaló que el contenido y el alcance de estas funciones pueden extraerse de diversas disposiciones especiales que regulan su ejercicio en autoridades típicamente supervisoras, como las leyes 222 de 1995 (Superintendencia de Sociedades), 1122 de 2007 (Superintendencia Nacional de Salud) y 1493 de 2011 (Dirección Nacional de Derechos de Autor), entre otras, y la más reciente Ley 1740 de 2014.

Con base en tales disposiciones, a título enunciativo y no limitativo, cabe señalar que la función administrativa de inspección comporta la facultad de solicitar información de las personas objeto de supervisión, así como de practicar visitas a sus instalaciones y hacer auditorías y seguimiento de su actividad; la vigilancia, por su parte, está referida a funciones de advertencia, prevención y orientación encaminadas a que los actos del ente vigilado se ajusten a la normatividad que lo rige.

Por último, en relación con las funciones de control, es preciso aclarar que estas permiten ordenar correctivos sobre las actividades irregulares y las situaciones críticas de orden jurídico, contable, económico o administrativo. Es en el ámbito de control donde por regla general se ubican las potestades sancionatorias"[27]. El mismo autor pareciera referir a la necesidad de que exista una norma (o varias) en las que se establezca en qué consiste cada una de estas actividades y/o potestades. Veamos:

> El papel activo de las autoridades administrativas dentro del ámbito del Estado social de Derecho y, en particular, en el marco del Estado regulador se refleja también en las funciones de inspección, vigilancia y control, cuyo origen es la Constitución Política (arts. 67, 80, 150-8, 189-21, 22, 24-26, 265, 333-335, 365, 370 y 372, entre otros); lo anterior, conlleva la expedición de normas legales que doten al Estado con las herramientas necesarias para hacerlas cumplir, sin perjuicio de las ya mencionadas potestades sancionatorias[28].

Como se desprende de la anterior cita, para el autor debe existir la expedición de normas que doten de herramientas al Estado para cumplir con las funciones que manda la Constitución Política en materia de inspección, vigilancia y control, esto es, que debe existir una habilitación legal para que la administración pueda ejercerlas, lo cual implicaría una definición de los "verbos rectores" enmarcados dentro de cada una de dichas funciones. Un ejercicio similar fue adelantado por Rincón, quien tiene una posición ligeramente distinta a la del anterior autor, y define las actividades de vigilancia, inspección y control de la siguiente manera:

---

[27] Juan Manuel Laverde Álvarez, "Sanciones administrativas: delimitación conceptual frente a otras actuaciones de la Administración", en *El poder sancionador de la administración pública: discusión, expansión y construcción*, XIX Jornadas Internacionales de Derecho Administrativo, editado por Alberto Montaña Plata y Jorge Iván Rincón Córdoba, (Bogotá, Universidad Externado de Colombia, 2018), 289-290.

[28] Juan Manuel Laverde Álvarez, "Sanciones administrativas: delimitación conceptual frente a otras actuaciones de la Administración". 272.

> La primera tarea que se le encomienda es la "vigilancia", consistente en la utilización de medidas encaminadas a prevenir, orientar y advertir a los particulares, que asumen determinadas actividades, para que su obrar no contraríe las normas que regulan una materia determinada. Podrían enunciarse un sin número de posibilidades que se encuadren en esta noción (...) Por su parte, "inspeccionar" se traduce en la utilización de medidas específicas que analizan o fiscalizan a una empresa concreta. Tradicionalmente esta labor se manifiesta a través de visitas, la revisión del cumplimiento de las condiciones de funcionamiento, el análisis de los documentos que soportan el acatamiento de obligaciones de diversa índole (financieras, administrativas, técnicas y jurídicas) para asegurar la continuidad, calidad, cobertura, etcétera, de la actividad adelantada por los administrados. Como es imposible la omnipresencia de la Administración, esta clase de competencias se ejercen de manera aleatoria ejerciendo una facultad discrecional o como respuesta a una queja o información puntual que sea suministrada a la autoridad. Por último, el control no es otra cosa distinta a la adopción de correctivos cuando opera un incumplimiento del administrado respecto de las normas que rigen la actividad por él adelantada[29].

Como puede verse, Rincón no se refiere a la necesidad de una norma que establezca específicamente el contenido de cada una de las funciones, e incluso se aventura a afirmar que es apenas normal la aplicación de la discrecionalidad en su ejercicio, en el entendido que es imposible para la administración ejercerlas de manera constante respecto de todos los administrados.

En adición a la anterior problemática, en términos de si debe o no existir una norma que establezca de manera clara en qué consisten las potestades de inspección, vigilancia y control y cómo deben ejercerse, existe otro tipo de situaciones frente a las cuales la doctrina no ha sido pacífica. Por ejemplo, desde el punto de vista orgánico en el ejercicio de estas funciones, se plantea que "ante la diversidad de configuración del tipo de entidades públicas que ejercen en la práctica la potestad administrativa sancionadora en materia de servicios públicos (ministerios, superintendencias, entes territoriales, etcétera) surge (y queda) la inquietud sobre la necesidad o no de separar orgánicamente las funciones de regulación, IVC y de sanción, en aras igualmente de mayor legitimidad e imparcialidad"[30].

---

29 Jorge Iván Rincón Córdoba, "La organización administrativa como soporte del modelo de Estado social de derecho", 349-350.

30 Bernardo Carvajal Sánchez, "Avatares del servicio público en el derecho administrativo colombiano", 524.

Es clara la inquietud respecto de una posible acumulación de poderes en cabeza de una sola entidad, aunque se evidencia que la falta de claridad respecto de la definición de potestades de IVC también ha permeado a la doctrina, al ver que se manejan los conceptos de IVC y sanción de forma separada, ya que la letra C dentro de la sigla corresponde al concepto de "control", que se traduce en el ejercicio de la potestad sancionadora.

Posiciones como la anterior nos llevan a establecer la inmensa dificultad que conlleva lograr una definición detallada de los verbos que deberían nutrir cada una de las acciones de inspección, vigilancia y control. Por ello, se proponen las definiciones de cada una de estas actividades, así:

Inspección: se trata de toda actividad de supervisión previa a las de control, que necesariamente conlleva un despliegue de actividad por parte del supervisor frente al supervisado, en el sentido de existir una interacción entre ellos. Si bien es cierto que toda actuación de la administración debe obedecer al principio de legalidad, consideramos que para esta actividad debe existir cierto grado de discrecionalidad, dadas las particularidades de cada sector. No obstante, los límites a la facultad de inspección sí deberán quedar establecidos en la norma, garantizando al supervisado que sus derechos no serán violentados en el ejercicio de esta facultad.

Vigilancia: se trata de toda actividad que no conlleva un despliegue de actividad por parte del supervisor más allá de la solicitud de información a los supervisados y su revisión. Es una actividad que no puede realizarse de manera exclusiva, pues ello implicaría que las labores de supervisión estarían dirigidas por los mismos supervisados, al ser ellos quienes brindan el insumo principal para la actividad de vigilancia. El único motivo por el cual consideramos que para esta facultad debe haber cierta discrecionalidad es que existe una evolución tecnológica constante que puede hacer más fácil la labor de reporte de información por parte de los supervisados. Sin embargo, deberá tenerse en cuenta los principios de eficiencia y economía para efectos de adelantar un análisis de proporcionalidad que justifique la determinación de la información que debe ser reportada. Se trata de que no se genere una carga en cabeza del supervisado sin una justificación suficiente para ello.

Control: se trata de toda actividad de supervisión que debe adelantarse mediante un procedimiento administrativo en el que se garantice el debido proceso del supervisado, dadas las eventuales consecuencias que puede tener.

Ahora bien, como ya se había anunciado, dentro de la evolución de la función de supervisión también han tenido influencia los cambios dogmáticos que se vienen presentando respecto de la función pública, su tecnificación, la adopción de conceptos como la eficiencia y la eficacia, entre otros, que llevan a replantear ciertos paradigmas, entre ellos el sancionatorio. Se presentan interrogantes desde el punto de vista de la eficacia de la sanción, de sus efectos en el comportamiento de los supervisados, y se plantea un enfoque diferente, dirigido no tanto a sancionar, sino a prevenir la realización de acciones que puedan ser sancionadas.

Se muta de una idea de castigo o corrección a una de despliegue de actividades que permitan gestionar los riesgos de incumplimiento de maneras más eficientes y eficaces, desde un enfoque preventivo. Es por esto por lo que vale la pena preguntarse si estas actividades de carácter preventivo se enmarcan dentro de alguna de las definiciones antes planteadas, o si por el contrario es necesario abordarlas como una actividad distinta del modelo de supervisión, y que la misma sea optativa de adopción por parte del ente supervisor dentro de cada ámbito específico.

Teniendo en cuenta el esquema antes descrito de supervisión basada en riesgos que utiliza la SFC, y que a hoy se considera más eficiente manejar perfiles que propendan por la no materialización de riesgos previamente identificados, es evidente que la prevención juega un rol fundamental en materia de IVC. Ahora bien, mientras siga asociándose la función de supervisión únicamente a aspectos de control (y su contenido sancionatorio), es indudable que se seguirá exigiendo un apego incondicional al principio de legalidad, que atenta contra la eficiencia de acciones preventivas. Podría pensarse en una habilitación como la que contempla la Ley 1437 de 2011 en materia de medidas cautelares innominadas, de manera tal que el agente supervisor pueda adaptar su gestión a los requerimientos específicos de la actividad a supervisar, sin exceder sus competencias legales para ello.

II. CRIPTOACTIVOS

Dentro del ejercicio de conceptualización es necesario que, una vez se pudo establecer lo que debe entenderse por inspección, vigilancia y control, entremos a determinar sobre qué concepto es que se aplicarían eventualmente las acciones de supervisión. Es por esto por lo que este acápite está dedicado a la definición de "criptoactivo". El término "criptoactivo" es de uso habitual actualmente, pero lo cierto es que ha recorrido un camino bastante largo para poderse utilizar en el modo en que hoy lo hacemos.

Hasta hace poco (y aún hoy existe esa confusión en algunas personas), se hablaba de criptomonedas en vez de criptoactivos. Para el caso colombiano, esto puede evidenciarse en los primeros trabajos que elaboró el Banco de la República para estudiar este fenómeno, y en las definiciones y terminología propuestos en los distintos proyectos de ley que en algún momento cursaron su trámite en el Congreso de la República.

A nivel internacional, pueden encontrarse muchos ejemplos de intentos de regulación de criptomonedas, artículos que trataban sobre la materia e infinidad de documentos e intervenciones en las que no se hacía referencia al término "criptoactivo", sino que se hablaba exclusivamente de "criptomonedas". Después de una serie de trabajos que se han adelantado acerca de la naturaleza de las "criptomonedas", en el sentido de poder establecer si son monedas o no, hoy por hoy se hace referencia a un concepto más general, como es el de "criptoactivo".

La visión que se tenía en 2016 era la de un conjunto inmenso (monedas digitales), el cual contenía una serie de subconjuntos con sus propias características, que terminaban con uno que es más pequeño que todos: las "criptomonedas". Sin embargo, lo cierto es que a todas esas categorías o grupos se les dio la calidad de "monedas", sin establecer si se podía darles dicha categoría, en el entendido que no se revisó a profundidad si compartían o no las características de la moneda. Ello se debe a que, en estricto sentido, no es lo mismo hablar de "moneda" a hacerlo respecto de cualquier otro tipo de activo.

Adicionalmente, después de establecerse que no eran moneda de curso legal por no haberles sido reconocida esa calidad mediante una ley de la república (pese a que existen países donde esta discusión ha avanzado mucho y de hecho ya hubo una adopción de

Bitcoin como moneda de curso legal, como es el caso de El Salvador), se trató de darles la categoría de activos financieros, frente a lo cual también ha existido una férrea oposición. Desde la doctrina, respecto de esa clasificación, se ha dicho lo siguiente: "(...) por definición, un activo financiero se caracteriza por ofrecer alguna suerte de flujos futuros, ciertos o inciertos, en forma de intereses o dividendos[31]. En el caso de las criptomonedas, no hay certidumbre ni acerca de su emisor ni acerca de sus flujos futuros, lo que hace imposible ungirlas con ese nombre"[32].

Y fue sobre esos basamentos conceptuales que se estableció el derrotero para el intento de regulación de las criptomonedas en Colombia, específicamente las transacciones que se hicieran con ellas en las plataformas de intercambio o exchanges, y que recientemente se denominan "criptoactivos" en el último proyecto de ley, razón por la cual se hizo una crítica de esos aspectos, que desafortunadamente no han sido corregidos en su totalidad, pese a que ya existen algunas mejoras[33].

Ahora bien, como hemos sostenido en otros documentos[34] y sin entrar en detalles frente a la calidad de moneda que puedan o no tener las criptomonedas, puede decirse que los criptoactivos son el género y las criptomonedas son una especie de dicho género. Esta diferenciación es fundamental, dado que debe existir claridad respecto del objeto sobre el cual van a recaer las actividades de inspección, vigilancia y control. No es lo mismo intentar regular todo un género a hacerlo solo respecto de una especie de dicho género, y para el caso colombiano, no es lo mismo regular un género a regular

---

31 Marín y Rubio, 2001; Cochrane, 2005.

32 Germán Forero Laverde, "Disrupción tecnológica en los mercados: ¿qué son realmente las criptomonedas?", en *Disrupción tecnológica, transformación digital y sociedad*, tomo 4, colección así habla el Externado, editado por Juan Carlos Henao y Liliana López Jiménez, (Bogotá: Universidad Externado de Colombia, 2021), 135. Mersch, 2018.

33 Nicolás Almeyda Orozco, "La falta de claridad conceptual frente a criptoactivos y criptomonedas y sus repercusiones jurídicas en Colombia: un estudio de caso", *Revista Con-texto*, n.° 58, 2022, 135. https://revistas.uexternado.edu.co/index.php/contexto/article/view/8654/13648.

34 Nicolás Almeyda Orozco, "Criptomonedas vs. Criptoactivos: Un problema de identidad con repercusiones jurídicas" (Tesis posgrado, Universidad Externado de Colombia, 2020).

un tipo de operaciones que se puede realizar sobre ese género en uno de los ambientes del ecosistema en que ello sucede. En efecto, pese a que el más reciente proyecto de ley incluye una definición de criptoactivos, lo que se busca es regular las operaciones que se hacen con ellos en las plataformas de intercambio o exchanges.

La definición que encontramos en el proyecto de ley más reciente radicado ante el Congreso de la República es la siguiente: "son activos virtuales con susceptibilidad de ser usados como medio de intercambio de bienes y servicios. No son considerados como moneda de curso legal, ni divisas, ni títulos representativos de moneda de curso legal"[35].

A pesar de celebrar que actualmente se esté tratando de brindar una definición al objeto de la regulación —crítica que se hizo a los primeros proyectos de ley, pues no se hacía este tipo de aclaración—, consideramos que la definición que eventualmente quedaría consagrada en la norma es imprecisa. Ello, por cuanto se está limitando su utilización al intercambio de bienes y servicios, sin tener en cuenta que pueden existir múltiples usos distintos, que sobrepasan el de medio de cambio, como lo puede ser el de una inversión especulativa.

La Dirección de Impuestos y Aduanas Nacionales de Colombia —DIAN—, ha proferido varios pronunciamientos para aclarar ciertos aspectos de los criptoactivos. Es así como, en sus oficios 035238 de 2018 y 001357 de 2019 los define como "bienes inmateriales o incorporales susceptibles de ser valorados, forman parte del patrimonio y pueden conducir a la obtención de una renta. Si bien no es una moneda reconocida y, por ende, no tiene un poder liberatorio ilimitado, es claro que los criptoactivos son reconocidos como un activo. Activo que, por su naturaleza, y para efectos fiscales, será considerado como un activo Intangible". En los citados oficios también manifiesta que "criptoactivos es el término genérico para activos criptográficamente seguros, cuyo uso o propiedad es frecuentemente registrado en una cadena de bloques (*blockchain*) conocida como un libro público de contabilidad (*distributed ledger*), cuyo objeto principal es realizar transacciones de manera rápida, segura y sin ningún intermediario".

---

35 Congreso de la República de Colombia. Proyecto de ley 139-2021C (art. 2).

Mirando a otras latitudes, encontramos que la definición que se ha brindado al concepto de criptoactivo varía. Para Aditya Narain y Marina Moretti del Fondo Monetario Internacional,

> El término "criptoactivo" mismo se refiere a un espectro amplio de productos digitales que se emiten de forma privada con tecnología similar (criptografía y, a menudo, registros distribuidos) y que se pueden almacenar y comercializar utilizando principalmente billeteras digitales y bolsas (...) En esencia, los criptoactivos son meramente códigos almacenados, a los que se accede electrónicamente. Pueden o no contar con respaldo de garantía física o financiera. Su valor puede o no estabilizarse mediante su vinculación al valor de monedas fiduciarias u otros precios o artículos de valor. En particular, el ciclo de vida electrónico de los criptoactivos amplifica el rango completo de riesgos tecnológicos que los reguladores aún intentan arduamente incorporar en la regulación tradicional[36].

Para el Banco Central de Chile,

> Los criptoactivos son un tipo de activo que se genera utilizando la tecnología DLT. Sus funciones pueden ser variadas e incluyen tanto las de representar un valor, entendido, por ejemplo, como un derecho sobre el patrimonio de su emisor; como las de intentar ser utilizados como un medio de pago y servir funciones similares a las del dinero. Esta última función se relaciona con su común denominación de «criptomonedas»[37].

Para el gobierno del Reino Unido, un criptoactivo es "una representación digital protegida criptográficamente de valor o derechos contractuales que utiliza una forma de tecnología de libro mayor distribuido y puede transferirse, almacenarse o comercializarse electrónicamente"[38]. De acuerdo con las anteriores definiciones, al

---

36 Narain, Adytia y Marina Moretti. La regulación de los criptoactivos, Fondo Monetario Internacional, septiembre 2022 https://www.imf.org/es/Publications/fandd/issues/2022/09/Regulating-crypto-Narain-Moretti#:~:text=El%20t%C3%A9rmino%20%E2%80%9Ccriptoactivo%E2%80%9D%20mismo%20se,principalmente%20billeteras%20digitales%20y%20bolsas.

37 Banco Central de Chile. Informe de estabilidad financiera, primer semestre 2018. https://www.bcentral.cl/documents/33528/133557/IEF1_2018rec4-2criptoactivos.pdf/346a0b40-5dec-672a-57b4-6f1e9f8b695f?t=1573279495173.

38 Gobierno del Reino Unido. Factsheet: cryptoassets-key terms and definitions, enero de 2023. https://www.gov.uk/government/publications/economic-crime-and-corporate-transparency-bill-2022-factsheets/factsheet-cryptoassets-key-terms-and-definitions#:~:text=Cryptoasset%3A%20

hablar de criptoactivos estamos tratando de un activo digital que está validado por tecnología criptográfica[39]. Este debe ser el punto de partida para intentar cualquier tipo de regulación sobre la materia: determinar el alcance sobre dicha intervención.

Así las cosas, en tratándose de criptoactivos, debemos entender que se trata de un activo fijo, intangible, consistente en una serie de códigos que reposan en medios magnéticos, cuya creación y transacciones están soportadas por tecnología criptográfica para efectos de su validación. En materia de tecnología, "[L]a novedad que aporta este sistema radica en que las transferencias no requieren de un intermediario centralizado que identifique y certifique la información, sino que está distribuida en múltiples nodos independientes entre sí que la registran y la validan sin necesidad de que haya confianza entre ellos, lo que permite un ahorro de costos y de tiempo"[40].

A%20cryptographically%20secured%20digital,%2C%20stored%2C%20or%20traded%20electronically.

39 Encriptación que garantiza la seguridad de su utilización, la cual se logra mediante tecnología, generalmente blockchain. Sobre la tecnología *blockchain* puede decirse lo siguiente: "*Blockchain*, o cadena de bloques, es una estructura de datos que hace posible la creación de un registro de datos que se comparte en una red de agentes independientes. Así, no se necesita de un tercero que centralice la información, sino que la misma reposa en distintas unidades y entre todas ellas puede darse fe de la transparencia de las operaciones, además de llevar un registro detallado de las mismas". Lawrence, Tiana. *Blockchain for dummies*, (Nueva Jersey: John Wiley & Sons Inc., 2017), 7 y ss. Para Don y Alex Tapscott, es un protocolo que "establece una serie de normas —en forma de computación distribuida— que garantiza la integridad de la información intercambiada entre esos miles de millones de ordenadores sin pasar por terceros (…) Este protocolo es el fundamento de un creciente número de registros globalmente distribuidos llamados cadenas de bloques (*blockchain*), el más grande de los cuales es bitcoin. Aunque el aspecto tecnológico es complicado y la expresión «*blockchain*» suena rara, la idea es sencilla. Las cadenas de bloques nos permiten enviar dinero de manera directa y segura de una persona a otra sin pasar por un banco, una tarjeta de crédito o PayPal". Tapscott, Don y Tapscott, Alex. *La revolución blockchain*, 2ª ed., (Barcelona: Ediciones Deusto, 2017), 26-27.

40 Luis Javier Álvarez Díaz, "Criptomonedas: Evolución, crecimiento y perspectivas del Bitcoin", *Revista Población y Desarrollo*, n.° 49, 2019, 133. http://scielo.iics.una.py/pdf/pdfce/v25n49/2076-054x-pdfce-25-49-130.pdf.

Partiendo de esa definición general, es preciso establecer cuáles son esos criptoactivos, pues como se mencionó con anterioridad, no todos pueden asimilarse a las criptomonedas. En este grupo podemos encontrar los Tokens, los *Non-Fungible Tokens* o NFT, las criptomonedas, las *Alt-coins*:

- Un token es un "(…) activo digital escaso definido por un protocolo de consenso e intercambiado a través de una cadena de bloques. Son una unidad de valor, emitida por una entidad privada, que tiene el valor que se le otorga dentro de una comunidad o un mercado"[41].
- Por su parte, "Un NFT es un "objeto protegido digitalmente no sustituible" y se considera el título de propiedad de los elementos digitales únicos. Sobre todo, el arte digital se vende con la ayuda de los tokens no fungibles. Para ello se utiliza la tecnología *blockchain*: la información sobre la obra, el propietario, los derechos de uso, etc., se almacena y se transfiere a prueba de falsificaciones"[42]. Existen

---

41 Juan Francisco Bolaños *et al.*, *Criptoeconomía: Cómo el Bitcoin y Blockchain están cambiando al mundo y tus finanzas* (Quito: Editorial Ecuador F.B.T. y Cía., 2019), 256.

42 Para entender mejor lo que es un token no fungible podemos echar un vistazo primero al mundo real. En él, un token único y no sustituible sería un cuadro o una joya hecha a mano. La pieza de intercambio, el token fungible, sería un billete de 10 euros, por ejemplo. El cuadro o la joya son únicos y no pueden ser sustituidos o cambiados por un objeto equivalente. Un billete de 10 euros, en cambio, tiene muchos equivalentes, es decir, todos los demás billetes de 10 euros que existen.
Volvamos al mundo digital: en él, los tokens fungibles son los bitcoins, por ejemplo, que pueden cambiarse por cualquier otro bitcoin del mismo valor. Pero ¿qué pasa con todos los memes, vídeos, piezas de música y obras de arte del espacio virtual? En teoría, cualquiera puede duplicarlos con un par de clics y guardarlos en su propio disco duro. Para marcar el original y poder comerciar con él, se han desarrollado los tokens no fungibles. Este tipo de tokens consiste en varios bloques de información que se encadenan: el *blockchain*. Los bloques contienen información diversa sobre la obra, como autor, comprador, vendedor, etc. Además, en cada bloque se almacena una huella digital única (el valor hash), junto con el valor hash del bloque anterior, creando así la cadena mencionada anteriormente. Lo que hace que esta tecnología sea casi a prueba de falsificaciones es el almacenamiento

diferentes tipos de NFT dependiendo de su funcionalidad o los bienes que representan, como pueden ser los de arte (NFTART), NFT asociados a algún juego online, los certificados para algún tipo de derecho sobre intangibles (ejemplo patentes) y los de premiación o recompensas.

- Las criptomonedas, como se anunciaba en un aparte anterior, son aquellos criptoactivos que comparten las características de la moneda, sin que necesariamente sean de curso legal. La más famosa de ellas es el Bitcoin, que fue creada en 2009 por Satoshi Nakamoto.
- Las *Alt-coins* o *alternative coins* son "una criptomoneda alternativa a las tradicionales y más populares, es decir, el bitcoin, litecoin y ethereum. Actualmente, están en aumento debido a la volatilidad del mercado de criptomonedas, que conlleva muchos riesgos. Con un altcoin las transacciones son muchos más rápidas, suele ser menos volátil en general que el bitcoin y se podría decir que tiene un nivel más alto de estabilidad. Además, las criptomonedas alternativas tienen una influencia en el proceso y alcance del *blockchain*"[43].

También es preciso establecer cómo se obtienen los criptoactivos, pues no se trata solamente de operaciones de compra y venta online. Originariamente, los criptoactivos pueden obtenerse a través del minado (así se planteó la forma primigenia de obtener bitcoin en el

descentralizado en una red de pares. Todos los ordenadores conectados a ella tienen una copia de la *blockchain* y comprueban el carácter concluyente de los nuevos bloques y de los valores hash allí especificados, por lo que los errores o falsificaciones se detectan inmediatamente. Esta tecnología no solo se utiliza para los tokens no fungibles, sino también para la mayoría de criptomonedas como el Bitcoin y el Ethereum. Si quieres comprar un NFT, normalmente lo pagarás con Ethereum, ya que es el *blockchain* más utilizado para los NFT. IONOS. Digital Guide, https://www.ionos.mx/digitalguide/online-marketing/vender-en-internet/nft-non-fungible-token/.

43 CMC Markets. ¿Qué es un altcoin?, https://www.cmcmarkets.com/es-es/aprenda-a-operar-con-criptomonedas/criptomonedas-alternativas#:~:text=Uniswap-,%C2%BFQu%C3%A9%20es%20un%20Altcoin%3F,criptomonedas%2C%20que%20conlleva%20muchos%20riesgos.

año 2009), aunque también se pueden obtener como recompensa por el cumplimiento de ciertas tareas, y por supuesto por el método tradicional de compraventa.

En cuanto al minado, este consiste en encontrar el resultado a un problema aritmético que permita lograr la validación de operaciones y su inclusión en un bloque de la cadena de bloques (*blockchain*). Quien primero resuelva ese problema "es el ganador y el que tiene derecho a incluir el bloque, con las transacciones que el minero haya incluido, dentro de la cadena de bloques compartida, que no es más que la concatenación en el tiempo de todos los bloques que los mineros van generando como consecuencia de la resolución del problema computacional"[44]. Esto genera una unidad del criptoactivo que es depositada en la cuenta o billetera del minero. De la misma manera funcionan las recompensas por ejecutar algunas tareas en línea (ver videos, escribir reseñas, etc.) o por completar retos en algunos juegos en línea. Normalmente estas recompensas son menores (por ejemplo, en el caso de Bitcoin, se recompensa con satoshis, que son unidades mucho más pequeñas que el bitcoin propiamente dicho). Por último, claro está, se pueden adquirir criptoactivos mediante transacciones de compraventa en línea, o en algunos casos en físico, cuando se tienen los criptoactivos guardados en billeteras denominadas "frías", lo cual significa que no están conectadas a internet.

Después de haber hecho la explicación de qué es un criptoactivo, cuáles son los criptoactivos que se conocen en la actualidad y cómo pueden obtenerse, se cuenta con un panorama más completo sobre la realidad de la figura, y puede empezar a determinarse hasta qué punto es necesaria la intervención regulatoria en la materia, y si se decide hacer algún tipo de intervención, cuál será su magnitud.

III. ¿REGULAR O NO REGULAR? ESA ES LA CUESTIÓN

Habiendo definido, o intentado definir, lo que debe entenderse por funciones o potestades de inspección, vigilancia y control, por un lado, y criptoactivos por el otro, es preciso establecer si respec-

---

44 Santiago Márquez Solís, *Bitcoin. La guía completa de la moneda del futuro,* (Madrid, Ediciones de la U y Ra-Ma, 2016), 164.

to de estos últimos es necesario ejercer aquellas funciones, si debe adoptarse un esquema totalmente libertario, o si debe buscarse un término medio que permita que la tecnología se siga desarrollando sin que se generen situaciones de "alteración del orden público".

No es un secreto que la tecnología avanza a pasos acelerados cuya velocidad nunca puede alcanzar la intención de creación de un marco jurídico que la cobije, y el caso de los criptoactivos no es la excepción. El *white paper* de Bitcoin fue publicado en el 2009 y más de diez años después todavía estamos tratando de hallar la manera de entender y regular la figura.

Ahora bien, esta situación nos lleva a preguntarnos si, en efecto, lo que debe hacerse es regular la figura, o si, por el contrario, ese ejercicio regulatorio atentaría directamente contra la filosofía detrás de la tecnología.

Recordemos que la intención de Satoshi Nakamoto con la publicación de su *white paper*, y la creación del Bitcoin fue la de eliminar la intermediación de las entidades financieras para que cada individuo pudiese tener control de sus finanzas, brindando así una mayor libertad. Así las cosas, si de lo que se trataba era de eliminar barreras para generar una mayor libertad, buscar regular la figura iría en contra de dicha filosofía.

El esquema que se plantea se basa en la tecnología, pero además genera una cultura de autorregulación, donde los mismos usuarios de bitcoin son los encargados de establecer cómo quieren dar manejo a sus finanzas y a las relaciones negociales que entre ellos surjan. El modelo de validación de la cadena de bloques a través de multiplicidad de nodos es un claro ejemplo de trabajo en comunidad encaminado a un mismo fin, esto es, el "bien común"[45].

Sin embargo, la experiencia dicta que los Estados optan por regular cualquier aspecto de la vida en sociedad, procurando siempre lo mejor

---

[45] Citando a Danilo Castellano, Ayuso manifiesta que "(...) al definir el bien común como el bien de todo hombre en cuanto hombre y, en cuanto bien de todo hombre, común a los hombres: el bien que la comunidad política debe, por ello, perseguir". Miguel Ayuso, *¿Ocaso o eclipse del Estado?*, (Madrid: Marcial Pons, 2005), 28.

para sus ciudadanos[46]. En este caso, sin embargo, existen tantas posibilidades para hacer cualquier tipo de intervención, que se vuelve muy difícil asumir una posición estándar. Así, encontramos desde los países que han prohibido el Bitcoin (y otros criptoactivos) dándole una connotación de ilegalidad, como China, por ejemplo, hasta aquellos que lo adoptaron como moneda de curso legal, como es el caso de El Salvador.

En el caso colombiano, los intentos que desde el Congreso de la República se han adelantado se enfocan en regular las actividades de intercambio de criptoactivos en plataformas o exchanges, y así lo hizo la Superintendencia Financiera de Colombia con la arenera regulatoria que adelantó para operaciones *cash in-cash* out desde plataformas de intercambio de criptoactivos en llave con entidades financieras.

Por su parte, autoridades como el Banco de la República se han pronunciado en el sentido de establecer que los criptoactivos, y en particular las criptomonedas, no son moneda de curso legal, y por lo tanto será responsabilidad de los usuarios de este tipo de activo lo que ocurra con sus transacciones.

Para el caso de criptoactivos, como se desprende de la exposición de motivos de los proyectos de ley que han cursado trámite en el Congreso de la República (sin que a la fecha haya sido aprobado alguno), la protección que el Estado busca es frente a la buena fe de los usuarios de esta tecnología. Se trata de brindar seguridad jurídica a quienes realizan transacciones con ellos, de forma tal que no sean víctima de estafas, y que esto no genere un desorden económico que pueda tener repercusiones graves. De hecho, el proyecto de ley dice en su exposición de motivos que fue presentado con el fin de "solventar un vacío jurídico alrededor de estas transacciones, que pro-

---

46 "La forma específica de intervención estatal por medio de la utilización de la potestad sancionadora administrativa se ve reflejada no solo en la regulación de los asuntos internos de la actividad de los organismos del Estado, como ocurre por ejemplo con el derecho disciplinario, sino también en la intervención estatal en las actividades sociales y económicas de la comunidad, encaminadas siempre a evitar la exposición a riesgos, infracciones y a daños que puedan llegar a la afectación de los derechos e intereses individuales, sociales o colectivos y en últimas, a la vulneración del ordenamiento jurídico". Juan Gabriel Rojas López, *Derecho administrativo sancionador. Entre el control social y la protección de los derechos fundamentales*, (Bogotá: Universidad Externado de Colombia, 2020), 77.

mueva mercados que se desarrollan a partir de la cuarta revolución industrial y que permita prevenir el uso malintencionado de estas transacciones digitales y la financiación de actividades ilícitas"[47].

Sin embargo, no queda clara la necesidad de generar un cuerpo normativo adicional a los ya existentes con el fin de buscar dicha protección, ya que se cuenta con delitos en el código penal como la estafa, hay normas sobre negocios mercantiles en el Código de Comercio, hay una Ley de Comercio Electrónico, hay un Estatuto de Protección del Consumidor, un Estatuto Orgánico del Sistema Financiero, entre otras, que protegen esos mismos intereses.

Vale la pena en este punto citar *in extenso* un pronunciamiento de la Corte Constitucional[48] en el que analiza las tensiones que genera la intervención del Estado en materia financiera, pues la problemática que se presenta comparte características similares:

> De esta descripción de las tensiones en materia de intervención del Estado en la economía, interesan dos para efectos de la temática que ocupa a la Corte en esta oportunidad: (i) libre ejercicio de la actividad económica y (ii) reparto de competencias entre ley y reglamento.
>
> El artículo 335 de la Constitución establece que las actividades financieras (en general) "sólo pueden ser ejercidas previa autorización del Estado, conforme a la ley, la cual regulará la forma de intervención del Gobierno estas materias y promoverá la democratización del crédito". Una interpretación de este artículo podría llevar a la conclusión de que, en materia financiera, toda la intervención se realiza mediante leyes marco, en concordancia con el literal d) del numeral 19 del artículo 150 de la Constitución. Esta interpretación estaría apoyada, en parte, por una determinada lectura de la sentencia parcialmente transcrita. Conforme a esta interpretación, de igual manera, la autorización para realizar actividades financieras se daría mediante una ley de dicha naturaleza.
>
> Sin embargo, esta interpretación no consulta la naturaleza de las leyes marco. De conformidad con el mencionado numeral 19 del artículo 150 de la Constitución, mediante leyes marco el legislador dicta "normas generales" y en ellas señala "los objetivos y criterios a los cuales debe sujetarse el gobierno" para regular las áreas establecidas en los literales del mismo numeral. De acuerdo con la jurisprudencia de la Corte Constitucional, la disposición constitucional en comento establece un reparto de competencias entre el legislador

---

47 Congreso de la República, Proyecto de Ley 139-2021 Cámara 267-2022 Senado, "Por la cual se regulan los Servicios de Intercambio de Criptoactivos ofrecidos a través de las Plataformas de Intercambio de Criptoactivos", 9.

48 Corte Constitucional, Sentencia C-936 de 15 de octubre de 2003, M. P. Eduardo Montealegre Lynett.

y el gobierno. Si bien en un primer momento pareció indicar que tanto la ley marco como sus desarrollos tenían connotación legislativa, finalmente la Corte indicó que únicamente la ley marco ostentaba dicho carácter. En sentencia C-955 de 2000, reiterada en sentencia C-1161 de 2000, señaló:

"La Corte debe afirmar en esta ocasión que, pese al carácter general atribuido por la Constitución a los preceptos integrantes de las leyes "marco" (art. 150, numeral 19, C.P.), como no hay un traslado de competencia legislativa a la cabeza del Gobierno, sino que éste debe desarrollar, sin salirse de su órbita ejecutiva, los lineamientos, las políticas y los criterios fijados en la ley, habrá necesariamente disposiciones dotadas de un carácter más específico pero siempre legislativo, en la medida en que la materia correspondiente está reservada exclusivamente al legislador. **En otros términos, en este tipo de leyes lo que queda para la actividad de regulación del Gobierno solamente puede ser de índole administrativa,** pues en virtud de ellas no está investido el Presidente de la República de la atribución de legislar, a la manera como sí acontece con las leyes de facultades extraordinarias previstas en el numeral 10 del artículo 150 de la Constitución." (Negrilla fuera del texto).

Por otra parte, al referirse a la función de las leyes marco, la Corte ha señalado que éstas tienen por objeto otorgar al Estado herramientas que le permita enfrentar con éxito situaciones que demandan cambios normativos oportunos, ante una realidad sujeta a diversas modificaciones. En sentencia C-510 de 1992 la Corte dijo al respecto:

"Es fácil advertir que los asuntos objeto de las leyes marco corresponden a una realidad susceptible de permanente cambio. La regulación de estos fenómenos corre el riesgo de desactualizarse y no acomodarse a su errático curso, si carece de cierto grado de flexibilidad. La técnica en comento combina el momento de necesaria estabilidad y generalidad, estrictamente ligado a la filosofía que debe animar a la actuación del Estado en la materia y que lo suministra la ley, con el momento dinámico de ajuste coyuntural, circunstancial y de desarrollo detallado de la política general que se satisface con el decreto".

De ahí que la Corte haya distinguido entre las funciones legislativa y administrativa en materia de ley marco, al señalar que la función del Congreso se define en la fijación de políticas que el ejecutivo desarrollará.

Teniendo en cuenta lo anterior, la aproximación a las tensiones antes indicadas adquiere un matiz distinto. Es regla general que el ejercicio de las libertades (entre ellas la libre empresa) no requiere autorización, salvo que la Constitución lo demande. De igual manera, ha de aceptarse que el establecimiento de limitaciones al ejercicio de los derechos corresponde en primera medida al legislador, en tanto que representante del pueblo. La fijación de límites al ejercicio de la libertad debe estar rodeada de garantías de estabilidad normativa, ya que de lo contrario resultaría imposible proyectar un plan de vida, ante los permanentes cambios normativos o la amenaza de estos.

A partir de lo anterior, el artículo 335 de la Constitución admite una interpretación distinta. Existe reserva de ley *para establecer las actividades autorizadas* a las personas que se dediquen a realizar operaciones financiera, bursátil, aseguradora y cualquiera otra relacionada con el manejo, aprovechamiento e inversión de los recursos captados del público, mientras que *la forma de intervención* se sujeta a la ley que fija los instrumentos de intervención y ley marco en la materia. Con ello se armoniza la imperiosa necesidad de flexibilidad normativa en materia de intervención en el sistema financiero con la seguridad jurídica que demanda una actividad económica organizada. De esta manera se tiene que la intervención estatal en las actividades financiera, bursátil, aseguradora y cualquiera otra relacionada con el manejo, aprovechamiento e inversión de los recursos de captación, aunque demanda ley previa, está deslegalizada, en tanto que sujeta a la técnica de la ley marco (arts. 150 numeral 19 literal d), 189 numeral 25 y 335 de la Constitución), mientras que la autorización para la realización de las actividades se hace mediante ley (art. 335 de la C.P.)

Así las cosas, para las personas que realizan o ejercen la actividad financiera, bursátil, aseguradora y cualquiera otra relacionada con el manejo, aprovechamiento e inversión de los recursos de captación, se tiene un sistema de fuentes que parte de i) las normas legales en materia comercial, ii) las normas legales que definen quienes pueden realizar estas actividades y cuales están autorizadas, iii) las normas legales que determinan los parámetros de inspección, vigilancia y control, iv) las normas legales que fijan los instrumentos de intervención y, finalmente, v) las normas legales generales que definen los objetivos y criterios a los cuales debe sujetarse el gobierno para regular la actividad misma.

Si bien es cierto la anterior providencia se refiere a un asunto de carácter financiero, y no necesariamente se le debe dar esa connotación o naturaleza a los criptoactivos o a las actividades que con ellos se realicen, queda clara la problemática que en materia de competencias se puede presentar para el ejercicio de actividades de inspección, vigilancia y control de criptoactivos, como hemos venido analizando.

En tratándose de criptoactivos específicamente, algunas de las problemáticas identificadas por la doctrina guardan relación con lavado de activos y financiación del terrorismo. Así lo aseveran Ramírez y Páez, en los siguientes términos:

La realidad asociada al uso de criptoactivos no deja de sorprender por la complejidad y sofisticación frente a la idea tradicional del dinero físico o de las transacciones electrónicas convencionales. Lo cual, ha sido aprovechado por actores organizados que se aprovechan de su carácter anónimo para facilitar la movilidad de los efectos del delito. De otra parte, la falta de medidas preventivas eficaces en el rastreo de los fondos ha quedado demostrada en buena parte de los países que se ven afectados por el impacto de la criptodelincuencia y la expansión de sus efectos[49].

49 Paula Andrea Ramírez Barbosa y Luis Alberto Páez Durán, "Blanqueo de capitales y soborno: la influencia de los criptoactivos", en *Estrategias globa-*

Lo anterior se refuerza con el hecho de que la característica de depósito de valor se desdibuja al tratar los criptoactivos, como ya se ha mencionado con anterioridad, pues su valor es extremadamente volátil. Por ello, pese a la resistencia que muchos tienen frente a la figura de criptoactivos,

> [E]n el mundo de los negocios, por tanto, no existe un verdadero incentivo para usar Bitcoin por su extremada volatilidad que suele alejarse de las reglas tradicionales del mercado, pero en el ámbito criminal si (sic) puede representar enormes ventajas y posibilidades de éxito. En efecto, la naturaleza deflacionaria de la criptomoneda no incentivaría potencialmente el consumo clásico de bienes y servicio (sic), sus aportes pueden además conectarse en el carácter aleatorio que lo caracteriza con el actuar criminal de organizaciones que lo pueden acaparar y retener, esperando el *incremento de su valor o que lo pueden adquirir para mover efectos de delitos antecedentes*[50].

Y si además tenemos en cuenta los distintos enfoques que frente a la figura han tenido en distintas latitudes, se potencia la facilidad con la que los transgresores pueden hacer arbitraje regulatorio[51] y seguir empañando la tan golpeada imagen de los criptoactivos al hacerse más fácil utilizarlos para realizar y cubrir ilícitos.

La posición adoptada en nuestro país podría ubicarse en la mitad del espectro de posibles posiciones frente a los criptoactivos, pero sigue evidenciándose una clara intención de realizar algún tipo de intervención, sin que quede clara la finalidad de la misma. Es claro que esta intervención debe estar justificada, pues necesariamente

---

les contra la corrupción y el blanqueo de activos. Sus aportes en el fortalecimiento al Estado de derecho, directora Paula Andrea Ramírez Barbosa, (Bogotá: Tirant lo Blanch, 2022), 209.

50 Paula Andrea Ramírez Barbosa y Luis Alberto Páez Durán, "Blanqueo de capitales y soborno: la influencia de los criptoactivos", 215.

51 "Por tanto, las diferencias entre esquemas regulatorios nacionales posibilitan a los criminales nuevas oportunidades de aprovecharse de activos virtuales no regulados, para realizar el correspondiente blanqueo: "(l)a actual disparidad de interpretaciones nacionales crea la posibilidad de un arbitraje normativo por parte de agentes malintencionados que desean eludir la política nacional de lucha contra el blanqueo de capitales mediante el uso de activos virtuales". Chasin Velkes G., *International Anti-Money Laundering Regulation of Virtual Currencies and Assets,* NYU Journal of International Law and Politics, 1 y ss, https://www.nyujilp.org/wp-content/uploads/2020/10/NY1304.pdf.

implicará algún tipo de restricción de los derechos de los regulados. Esta justificación, que anteriormente se supeditaba a mantener el orden público en los términos de una policía administrativa clásica, hoy se encuentra en el interés general o el bien común[52]. La pregunta que corresponde hacerse es: ¿cuál es el bien común cuya protección se busca?

El bien común, en sentido moderno, se suele asociar al concepto de orden público, lo que justificaría la intervención estatal mediante el ejercicio de potestades de inspección, vigilancia y control. Y "la forma más atinada de definir el concepto actual de orden público, como el fin perseguido por la policía administrativa, consiste en entenderlo como un cúmulo de funciones, que, de conformidad con los fundamentos del Estado social de derecho, deben acoplarse necesariamente a las exigencias del interés general propias de la sociedad presente"[53].

Aunque esta categoría de bien común es demasiado amplia, puesto que permite que, si se desea adoptar una posición por entero intervencionista, sea fácil justificarla. Así lo plantea Gordillo cuando menciona que

> [T]an evidente es la ampliación de esos fines del Estado y consecuentemente de su poder de policía, que los autores modernos por lo general evitan ya referirse a aquella trilogía característica (seguridad, salubridad, moralidad) y prefieren en cambio utilizar nociones más amplias y genéricas. Dicen así que lo que el poder de policía protege es el orden público "bien común", el buen orden de la comunidad, etcétera[54].

---

52 "En efecto, en la formulación del marco de política para rediseñar la institucionalidad de regulación y control como herramientas de intervención en la economía, el punto de partida como regla general es la prestación de los servicios por los particulares en sustitución del Estado, lo cual implica situarse en el modelo del Estado garante en sustitución del Estado intervencionista. Ello implica que el Estado permita el ejercicio de la libertad de empresa sin restricciones, a menos que la intervención se encuentre plenamente justificada para proteger la competencia o en defensa de los derechos de los usuarios, y siempre que el interés general no pueda protegerse mediante los mecanismos al alcance de los afectados". Manuel Alberto Restrepo Medina *et al.*, *Globalización del derecho administrativo colombiano*, 154.

53 Manuela Canal, "La policía administrativa: un concepto en evolución", 556.

54 Agustín Gordillo, *Tratado de derecho administrativo, parte general*, tomo II, (Buenos Aires: Ediciones Macchi-López, 2009), 8, citado por Manuela Canal, "La policía administrativa: un concepto en evolución", en *Las transformaciones de la*

Para tratar de delimitar o de especificar la justificación de la intervención, consideramos pertinente aludir a las racionalidades regulatorias contenidas en la obra de Prosser, a saber: (i) derechos humanos: normas que desarrollan el contenido de los derechos humanos y buscan su protección; (ii) solidaridad social: busca la igualdad entre los ciudadanos, y en relación con servicios públicos, se refiere al acceso universal; (iii) participación y deliberación: busca garantizar la existencia de un foro participativo que garantice transparencia, consulta, rendición de cuentas y apertura en general; y (iv) eficiencia y elección del consumidor: "esta racionalidad, la más reconocida hasta el momento, enfatiza el levantamiento de las cargas que impiden el libre funcionamiento de los mercados[55]. Desde esta perspectiva se ve a los ciudadanos "únicamente en su calidad de consumidores"[56].

Vemos entonces que ese orden público o bien común adquiere una mejor definición al echar mano de conceptos como derechos humanos, solidaridad social, participación y deliberación y eficiencia y elección del consumidor, que se enfocan en diferentes aristas del desarrollo de los individuos desde sus derechos. Para el caso de los criptoactivos pareciera que el enfoque que más se adapta al ejercicio desde las racionalidades regulatorias es el de la eficiencia y elección del consumidor, cuyo contrapeso es la eficiencia de los mercados. Esto se convierte en una dificultad adicional, puesto que los criptoactivos buscan desde su filosofía la libertad total y, por el contrario, son las entidades financieras las que quieren que se regule al detalle todo lo relativo a esta tecnología.

La situación antes descrita es claramente identificada por Rojas, quien se pregunta si el Estado intervencionista puede llegar a alcanzar una magnitud tal que presente proporciones orwellianas, esto es, que la intervención se dé en todos los aspectos y la inspección, vigilancia y control se hagan de manera constante sobre todos los administrados:

---

administración pública y del derecho administrativo, editado por Jorge Iván Rincón Córdoba, (Bogotá, Universidad Externado de Colombia, 2019), 555.

55 Prosser, 2010, 13.

56 Julián Daniel López Murcia, *Inteligencia regulatoria. Algunas herramientas para diseñar y analizar regulación,* (Bogotá, Legis y Universidad de la Sabana, 2022), 14-15. Prosser, 2010, 14.

> ¿Puede el Estado colombiano transitar hacia un modelo omnipresente, capaz de vigilar e intervenir hasta en el más mínimo detalle en la vida en sociedad, tal como se presenta en la distopía de George Orwell? La respuesta debe ser necesariamente que no, que el Estado debe estar sometido a claros límites, pero la identificación de esos límites constituye, en sí mismo, el mayor reto por lograr en un modelo democrático, por cuanto la utilización frecuente de argumentos abstractos e indeterminados, como los del bien común o el interés general, que suelen ser utilizados para justificar cualquier medida restrictiva de los derechos y libertades individuales, tanto en los escenarios legislativos como judiciales, evidencia la monumental dificultad para establecer el óptimo alcance de la restricción de la libertad de tal forma que permita establecer un equilibrio con su propia protección[57].

Como se desprende de la anterior cita, la respuesta es negativa, y se hace necesario identificar la justificación y alcances de las restricciones a las libertades individuales para establecer los límites de la intervención. Se haría necesario, desde ese punto de vista, echar mano de una justificación mucho más específica que simplemente hacer referencia a criterios tan abstractos como el orden público o el interés general. Esto sin ahondar en factores externos que necesariamente inciden en la decisión de intervención, que se consideran debilidades del proceso regulatorio, y que no siempre son tenidos en cuenta, a saber: "(...) las principales debilidades de las teorías del interés público, son: suponer el altruismo de parte de quienes tienen la responsabilidad de regular, desconocer la influencia que pueden llegar a tener los grupos de interés sobre un regulador, y la dificultad de conciliar diferentes entendimientos del interés público"[58].

Antes de discutir las razones por las cuales debería existir alguna intervención respecto de criptoactivos en Colombia, vale la pena preguntarnos si el marco legal existente no es suficiente para regular esta actividad. Y esto dependerá enteramente de la categoría, naturaleza o calidad que le demos a los criptoactivos. Ya quedó claro que no son moneda de curso legal, pero pueden utilizarse como activos para efectos especulativos (que es el uso más común), se pueden uti-

---

57 Juan Gabriel Rojas López, "La potestad sancionadora de la Administración", 622.

58 Julián Daniel López Murcia, *Inteligencia regulatoria. Algunas herramientas para diseñar y analizar regulación*, (Bogotá, Legis y Universidad de la Sabana, 2022), 6.

lizar para realizar pagos, pueden suplir las remesas (pues su envío y recepción no depende de un tercero intermediario), se pueden realizar operaciones de derivados financieros con ellos, las *Initial Coin Offerings* —ICO— tienen un comportamiento muy similar al de las Ofertas Públicas de Adquisición —OPA—, pueden utilizarse como aporte en especie para una sociedad, entre otras.

Todas las categorías anteriores cuentan con una regulación en nuestra normatividad, normalmente desde el derecho comercial o financiero. No obstante, al considerar que a los criptoactivos debe dárseles un tratamiento distinto a cualquier otro activo, actualmente se busca la forma de definirlos desde una ley de la república y regular una de las actividades que con ellos pueden realizarse, esto es, la de intercambio en plataformas.

Adicionalmente, desde la doctrina se ha adoptado una posición en contra de la prohibición de criptoactivos, pues ello implicaría perder la oportunidad de aprovechar una tecnología que puede ser usada para bien de la humanidad. En efecto, para Ramírez y Páez "[P]ropugnar la prohibición en forma genérica de las criptomonedas es equivalente a pretender prohibir el avance científico y tecnológico, en este orden incentivar su uso dentro de unos marcos normativos específicos que resulten razonables y fomenten sus aportes de diversa naturaleza". Una respuesta eficaz en este ámbito debe incorporar aspectos como:

(i) La cooperación de autoridades, actores e instituciones del orden nacional e internacional, impulsadas por un marco uniforme de regulación de criptomonedas, (ii) Una fluida articulación y cambio de información entre las autoridades reguladores (sic) y los principales actores del mercado de criptomonedas, y

(ii) el fomento y fortalecimiento del desarrollo tecnológico similar al que brinda la tecnología *blockchain* y los criptoactivos, que permita crear mecanismos de regulación efectivos y actualizados que aprovechen las utilidades de estos elementos y que permitan la mitigación y gestión efectiva de los riesgos que implican su funcionamiento.

En definitiva, creemos que regular inteligentemente las transacciones de criptoactivos, es una estrategia eficaz en la prevención y detección de las diversas modalidades en las que se expresa el blanqueo de capitales[59].

Ahora bien, ¿en qué consiste esa regulación inteligente a la que se refiere la anterior cita? Como lo demuestra la experiencia en nuestro país, no es tan fácil poner de acuerdo con las autoridades que podrían regular la materia, pues ya vemos que existen posiciones tímidas, dejando la carga fuerte en cabeza del Congreso de la República, que a la fecha tampoco ha logrado mayores avances. De hecho, en otras latitudes ese afán regulatorio no ha sido visto con buenos ojos, como lo afirma Villalobos: "Por su parte, valga recordar que en muchos de nuestros países —Costa Rica no es la excepción— el creciente populismo regulatorio (regular por regular) está provocando consecuencias nefastas: (1) un injustificado crecimiento de la intervención del Estado sobre actividades en las que, si quiera, un modelo de mínima intervención se justifica; y (2) un craso debilitamiento de la calidad regulatoria adoptada"[60].

Y Colombia no es la excepción, pues también tenemos nuestra propia cosecha de problemas desde el punto de vista regulatorio. En efecto, como lo ha identificado López, "(...) es posible afirmar que el Estado regulador en Colombia ha estado marcado, entre otros, por tres aspectos:

a) *Extensa y detallada Constitución*: la extensión y detalle de la Constitución Política colombiana (que incluso incluye los principios del régimen tarifario de los servicios públicos) refleja la "juridificación" de nuestra regulación (...)

b) *Congreso disfuncional*: el Congreso colombiano tiene serias dificultades para iniciar y monitorear políticas públicas, incluyendo sus aspectos regulatorios. Además, se caracteriza por

---

59 Paula Andrea Ramírez Barbosa y Luis Alberto Páez Durán, "Blanqueo de capitales y soborno: la influencia de los criptoactivos", en *Estrategias globales contra la corrupción y el blanqueo de activos. Sus aportes en el fortalecimiento al Estado de derecho,* directora Paula Andrea Ramírez Barbosa, (Bogotá, Tirant lo Blanch, 2022), 237.

60 William Villalobos Herrera, "Derecho administrativo y nuevas tecnologías ¿*Quo vadis* regulación?", en *Tecnología, administración pública y regulación,* coordinado por Luis Ferney Moreno Castillo, William Iván Gallo Aponte y Vivian Cristina Lima López Valle, (Bogotá, Universidad Externado de Colombia, 2021), 101.

un poder de veto de baja calidad, asociado con un ambiente dominado históricamente por el clientelismo (...)

c) *Tribunal constitucional activista*: Colombia tiene uno de los tribunales constitucionales más activistas del mundo. En consecuencia, la Corte Constitucional es un regulador central en casi todos los sectores"[61].

Estas problemáticas brevemente referenciadas son las que restan fuerza al movimiento proregulación, que como ya se ha mencionado, está más acorde con la filosofía detrás de los criptoactivos. En todo caso, actualmente podrían asumirse distintas posiciones que la doctrina resume de la siguiente manera: "De ahí que no es de extrañar que encontremos posturas variopintas tales como: (1) regular de forma intensa cual servicio público, (2) desregular y que el Estado no se acerque ni por asomo, (3) permitir la autorregulación, y (4) optar por una autorregulación regulada propiciando una regulación, pero, sin que la misma provoque graves dislocaciones en los agentes económicos de mercado"[62].

Si bien es cierto que debe asumirse una posición respecto de la regulación[63] de criptoactivos —la cual podrá ser libertaria, restrictiva o paternalista, o una que se sitúe en algún punto entre ambos extremos—, lo cierto es que esa posición obedece a una manifestación de soberanía, la cual está atada de manera inseparable a la noción de territorio, y es precisamente esta última característica y elemento del Estado la que se ve desdibujada al tratarse de nuevas tecnologías como los criptoactivos, pues la red no conoce barreras físicas comparables con la delimitación geográfica y política de las naciones.

---

61 Julián Daniel López Murcia, *Inteligencia regulatoria. Algunas herramientas para diseñar y analizar regulación*, 11-12.

62 William Villalobos Herrera, "Derecho administrativo y nuevas tecnologías *¿Quo vadis* regulación?", 95-96.

63 Definición de regulación de Julia Black "New Institutionalism and Naturalism in Socio-Legal Analysis: Institutionalist Approaches to Regulatory Decision Making", *Law & Policy*, n.°19 (1), 2002, https://doi.org/10.1111/1467-9930.00021: "(...) toda forma de uso intencional de autoridad por actores estatales y no estatales que afecta a una parte diferente" citada por Julián Daniel López Murcia, *Inteligencia regulatoria. Algunas herramientas para diseñar y analizar regulación*, 2.

Además, no debemos olvidar que, desde el punto de vista financiero, que es el que más se asimila a los usos que puede darse a los criptoactivos,

> para entender la regulación de los mercados financieros, por ejemplo, es necesario conocer la compleja red que conforman la pluralidad de agentes públicos y privados intervinientes, dentro y fuera de las fronteras, cada uno con unas aportaciones específicas: desde los organismos reguladores (banca, bolsa, seguros, riesgos sistémicos) a nivel nacional, supranacional o internacional, pasando por organizaciones supranacionales (como la Unión Europea) o instituciones como el comité de Basilea, el Banco Mundial o el Fondo Monetario Internacional, hasta las organizaciones privadas internacionales que fijan, por ejemplo, los estándares de referencia en materia de contabilidad (como la International Accounting Standards Committee)[64].

Haciendo un rápido repaso por las posturas que distintos países han asumido frente a los criptoactivos, encontramos que se pueden resumir en las siguientes: (i) aplicación de la normatividad atinente a mercados y servicios financieros; (ii) expedición de normas específicas sobre criptoactivos; (iii) regulación de criptoactivos mediante aplicación de normas distintas a las aplicables a activos y actividades financieras; (iv) no regulación; (v) prohibición.

Para el caso colombiano ya se había mencionado la importancia de definir correctamente la figura, de establecer el concepto de criptoactivo y los usos permitidos para dicha tecnología, de forma tal que pueda identificarse el alcance que se le va a dar a la regulación. Para la definición de la intervención vale la pena remitirnos a los niveles de intensidad que esta puede tener, y que ha identificado López, así: "La primera configuración y nivel de intensidad de la regulación alcanzaría a toda forma de intervención en la economía, independientemente de los instrumentos y propósitos, llamada intervención amplia o fuerte. Una intervención menos amplia correspondería a la aplicada en la economía mediante el condicionamiento, la coordinación y la disciplina de la actividad económica. Sería la regulación de intensidad media. Finalmente, bajo un modelo restrictivo, solo habría el condicionamiento normativo de la actividad económica privada"[65].

---

64 Javier Barnés, *Innovación y reforma en el derecho administrativo 2.0*, 2ª ed., (Sevilla, INAP-Editorial Derecho Global, 2012), 265.

65 Ivar Hartmann y Sergio Guerra, "Los riesgos, la asimetría regulatoria y el desafío de las innovaciones tecnológicas", en *Tecnología, administración*

Adicionalmente, dice López, existen ciertas etapas que tiene el *Legal Design*, o diseño inteligente, el cual ha sido construido con base en experiencias de Análisis de Impacto Normativo y Regulatorio, a saber: (i) Identificación (perspectivas y dolores de las partes impactadas); (ii) Caracterización (del problema general al problema específico); (iii) Ideación (plantear ideas más allá de los lugares comunes); (iv) Prototipado (simular o prototipar regulación mínima viable); y (v) Implementación (regulación de alta fidelidad)[66].

Así las cosas, si se trata de hacer una intervención fuerte, con una regulación inteligente, lo procedente sería agotar cada una de estas cinco etapas. Con el presente documento se busca agotar las tres primeras, de forma tal que sirva como base para quienes van a llevar a cabo el ejercicio de prototipado e implementación de la regulación (entendida esta en sentido amplio).

También es importante tener en cuenta que existen cinco principios que rigen la regulación inteligente, que según Baldwin son los siguientes: "(i) combinar instrumentos, (ii) aplicar la intervención estrictamente necesaria, (iii) organizar los mecanismos de modificación de comportamientos de forma escalonada, (iv) empoderar actores aptos para la posición de regulador y (v) maximizar las oportunidades para resultados gana/gana"[67]. Como ya se mencionó con algunos ejemplos, es fundamental dar aplicación al segundo principio, pues un exceso de regulación podría traer más problemas que soluciones.

Aunado a lo anterior, y debido a factores como la evolución tecnológica y a la apertura de fronteras entre naciones, entre otros, hoy nuestra realidad obedece a un mundo globalizado, particularmente en lo relativo a aspectos económicos y financieros[68]. En términos

---

pública y regulación, coordinado por Luis Ferney Moreno Castillo, William Iván Gallo Aponte y Vivian Cristina Lima López Valle, (Bogotá: Universidad Externado de Colombia, 2021), 348.

66 Julián Daniel López Murcia, *Inteligencia regulatoria. Algunas herramientas para diseñar y analizar regulación,* (Bogotá: Legis y Universidad de la Sabana, 2022), 41.

67 Julián Daniel López Murcia, *Inteligencia regulatoria. Algunas herramientas para diseñar y analizar regulación,* 79.

68 "Ciertamente, han sido tantos los desarrollos tecnológicos como la creciente e incesante actividad de las instituciones financieras e intermediarios a nivel

de Henri Bergson, podría decirse que estamos en presencia de una sociedad abierta, entendiéndola como aquella que "comprende a la humanidad entera"[69]. No obstante, esa definición resulta un tanto simplista, pues no toda la humanidad está comprendida en los conjuntos que forman parte de los distintos sistemas.

Por ejemplo, es común encontrar afirmaciones tales como aquella según la cual Internet conectó al mundo entero, pero es evidente que actualmente son muchas las personas que no cuentan con conectividad. Por poner un ejemplo, solo en Colombia el índice de brecha digital es de 0,4107[70]. En ese sentido, solo quien tenga acceso podrá contarse como miembro del conjunto o grupo globalizado a través de la red.

Esa pertenencia a ciertos grupos genera a su vez la inclusión en ciertos sistemas, como es el caso de los ciudadanos de un país, que se acogen al ordenamiento jurídico expedido por aquel con el cumplimiento de los requisitos para tal fin en un acto de soberanía. Ahora bien, existen situaciones en que el mundo globalizado al que antes hicimos referencia no funciona como una sociedad abierta, pues esa fragmentación que obedece a situaciones jurídico-políticas se refleja en conflictos a la hora de resolver problemáticas entre miembros de dicha sociedad.

---

mundial lo que ha llevado a concebir el mundo financiero ya no como un espacio meramente local sino como una actividad realmente globalizada Este rápido desarrollo tanto de la regulación a todos los niveles como de la supervisión ha sido motivado por la flexible y dinámica evolución del sector". Mauricio Baquero Herrera, "Derecho financiero y globalización: la nueva propuesta del Comité de Basilea para la Supervisión Bancaria", 426.

69 Henri Bergson, *Les deux sources de la morale et de la religion*, (París: Félix Alcan, 1932), 267.

70 Ministerio de Tecnologías de la Información y las Comunicaciones, *"Informe de Brecha Digital"*, Bogotá, 2022. La brecha digital hace referencia a las diferencias en la apropiación de las Tecnologías de la Información y las Comunicaciones (TIC) entre los ciudadanos de diferentes regiones del país; dicha apropiación está determinada por cuatro dimensiones: (i) el grado de motivación; (ii) el acceso material; (iii) el dominio de habilidades digitales; y (iv) el aprovechamiento que se da a las tecnologías. En cuanto a este segundo aspecto, que podemos denominar "falta de conectividad", Colombia tiene un índice de 0,4939, con lo que se entiende que a finales de 2022 más de la mitad de la población cuenta con conectividad.

Esta coexistencia de sistemas y subsistemas jurídicos dentro de un mundo globalizado se puede mostrar una problemática cuando no hay un tratamiento idéntico o tan siquiera similar de ciertas instituciones o tecnologías. Es el caso de las situaciones derivadas de las transacciones con criptoactivos, puesto que, al tratarse de bienes inmateriales cuyo tránsito y devenir ocurre en la red, escapan a la realidad física impuesta por las naciones, generando un conflicto respecto de instituciones como la jurisdicción —que es una manifestación de la soberanía de cada país—.

Como ya se ha mencionado, vivimos en un mundo globalizado. Para el Fondo Monetario Internacional la globalización es un "proceso de acelerada integración mundial de las economías a través de la producción, el comercio, los flujos financieros, la difusión tecnológica, las redes de información y las corrientes culturales"[71]. Esto implica que, gracias a un flujo constante de información, personas y recursos, con una base de evolución tecnológica, han empezado a desdibujarse ciertos límites físicos que en algún momento se consideraron infranqueables.

Así lo consideran Lizarazo y Anzola quienes, además, ahondan en las repercusiones que esta figura tiene frente a la concepción tradicional del Estado nación en el sentido de que sus fundamentos tradicionales se trastocan, se vuelven borrosos para ampliarse a un espacio muchísimo más amplio: el espacio global. Y esto conlleva un sometimiento de esa antigua soberanía a un nuevo sistema del que forman parte otros Estados nación, cuya anuencia para ciertos asuntos debe ser acatada por todos los miembros de ese nuevo espacio, por el bien de sus propios intereses[72].

---

71 Fondo Monetario Internacional, *World Economic Outlook*, Washington, 1997.

72 "La globalización es una realidad cultural, social y económica, que refleja una concepción del mundo donde el espacio social es compartido, por razón de las fuerzas económicas y tecnológicas, y trasciende los límites del Estado nación más allá de sus fronteras. Esto ha tenido como consecuencia un Estado con nuevas funciones en el plano doméstico, y más dependiente del entorno internacional, dado el número cada vez mayor de compromisos adquiridos. En la actualidad el Estado no ha de concebirse como un Estado nación que se autodetermina y se presenta frente a la comunidad internacional como un ente autárquico, sino como parte de un engranaje cuyas acciones individuales serán determinantes

Entonces, como bien lo identifica Restrepo "[l]a globalización se identifica, en general, por presentar ciertas características que llevan a los diferentes Estados a implementar cambios para actuar con una cierta homogeneidad, de manera que aquellas resultan tomando la forma de directrices a partir de las cuales es posible establecer tendencias provenientes de la influencia del fenómeno de la globalización"[73].

Existe una fuerte corriente que pretende consolidar dos conceptos distintos, globalización y mundialización, para tratar de explicar de mejor manera los fenómenos a los que nos enfrentamos actualmente. Así, por ejemplo, Ayuso afirma que

> [Entonces] mundialización viene a indicar, sobre todo, la tendencia a considerar el planeta como una unidad a todos los efectos, incluido el plano político. Globalización, en cambio, alude a la presencia omnímoda y ubicua de mecanismos o soportes impersonales como las redes tecnológicas de comunicación, los mercados financieros y, en general, los aparatos ajustados a "elecciones racionales" conforme la fórmula binaria coste-beneficio, portadores de su propia lógica interna, cuyas conclusiones resultan de sistemas expertos y que se satisfacen a ellos mismos en el desenvolvimiento de su propio juego[74].

Esto desemboca en el nacimiento de una corriente que propende por el derecho mundial o global, que se caracteriza por la superación del espacio físico como limitante y la existencia de un consenso en el establecimiento de un marco que, en principio, debe ser aplicado por todas las naciones. Y la justificación de ese fenómeno es la existencia de unos principios que comparten cada uno de los

---

para el correcto funcionamiento del sistema global. Tanto que, para algunos autores, se trata de un Estado-Mundo, por oposición al Estado nación. Es así como el Estado, cada vez más, ha venido perdiendo autonomía para la determinación de sus políticas, dando paso a políticas y lineamientos globales que inciden directamente en casi todos -por no decir todos- los ámbitos de su actividad. El Estado así concebido, ha de ejercer, por tanto, funciones diferentes que le permitan un cabal cumplimiento de sus deberes nacionales en consonancia con los lineamientos y directrices que impone el sistema global o mundial". Liliana Lizarazo Rodríguez y Marcela Anzola Gil (eds.), La regulación económica: tendencias y desafíos, (Bogotá: Universidad del Rosario, 2004), 155.

73 Manuel Alberto Restrepo Medina *et al.*, *Globalización del derecho administrativo colombiano*, 47.

74 Miguel Ayuso, *¿Ocaso o eclipse del Estado?*, 69-70.

integrantes de ese espacio mundial o global como lo pueden ser los derechos humanos, el desarrollo sostenible, entre otros. Al respecto, Restrepo aduce que

> el derecho mundial supera la soberanía y las fronteras como espacio de vigencia del derecho del Estado nación y sus normas constitucionales. Aspectos evidentes de la internacionalización de las normas son los intercambios comerciales y financieros globales y las medidas que los hacen posibles, las nuevas regulaciones técnicas y científicas públicas y privadas, las redes de todo tipo, la reglamentación de conflictos y la definición de derechos y categorías jurídicas asumidas como principios para distintos ámbitos de la gestión, como son el desarrollo sostenible, los derechos de las personas y los elementos de las relaciones laborales[75].

Ahora bien, esa adopción no es absoluta, pues existen ciertos límites derivados de la realidad jurídica interna de cada país[76]. Teniendo en cuenta el asunto que nos ocupa, esto es, los criptoactivos, podría pensarse que la globalización nos ha llevado lentamente a acercarnos a un fenómeno más universal, de mundialización, por la forma en que dicha tecnología permea las realidades de las distintas naciones. De hecho,

> En ese mundo económicamente integrado, los avances tecnológicos fortalecen aún más su integración, al permitir que cada vez la producción sea menos "territorializada" al liberarse de condicionamientos y limitaciones generados por factores y condiciones específicos de territorios/naciones determinadas, con lo cual les facilita a los inversionistas decidir la colocación del capital en un ámbito nivelado de posibilidades, bajo el criterio de la maximización de la utilidad[77].

Sin embargo, como también se ha venido afirmando, es la falta de consenso la que se presenta como uno de los mayores inconvenientes en la adopción de esta tecnología.

---

75 Manuel Alberto Restrepo Medina *et al.*, *Globalización del derecho administrativo colombiano*, 33.

76 "El derecho global también está limitado por las características propias de cada ordenamiento jurídico nacional en particular, pues cada uno presenta un equilibrio, una coherencia específica que en cada caso es diferente la manera como recibe o rechaza los elementos aportados por este derecho". Manuel Alberto Restrepo Medina *et al.*, *Globalización del derecho administrativo colombiano*, 37.

77 Juan Manuel Ospina, *Economía para no economistas. Un relato de la formación del pensamiento económico*, 415.

Volviendo al aspecto financiero, el cual difícilmente puede dejarse de lado, vale la pena rescatar lo que Chevallier ha concebido como "las tres D" que caracterizaron el fenómeno de su globalización: en primer lugar, la "desregulación", consistente en el desmantelamiento de los dispositivos de control de cambios, que se traduce en que los capitales puedan desplazarse libremente en función de consideraciones de estricta rentabilidad financiera, y que obligan a los estados a ajustar sus políticas presupuestarias y fiscales para conservar la confianza de los mercados financieros y evitar un éxodo de capitales; en segundo lugar, la "descentralización", que implica la abolición de fronteras; y por último, la "desintermediación" que da a los agentes la posibilidad de recurrir directamente a los mercados financieros, obviando a los intermediarios financieros y bancarios tradicionales[78].

Es bastante curioso que esas "tres D", que para un autor representan un proceso evolutivo en el sector financiero, sean precisamente las que describen la finalidad que se buscaba con la creación de los criptoactivos, añadiendo, por supuesto, un componente de libertad financiera. Sin embargo, vemos que el sector financiero también ha sido objeto de regulación desde una perspectiva "global"; tal es el caso de

> [L]as disposiciones tomadas para luchar contra la delincuencia financiera y la corrupción son así mismo el producto de iniciativas tomadas por los estados y las instituciones internacionales. La Convención firmada en Viena el 20 de diciembre de 1988, bajo el auspicio de las Naciones Unidas, constituye el inicio de la lucha contra el lavado de dinero, entonces asociado al tráfico de estupefacientes. Creado por el G-7 en 1989, el Grupo de Acción Financiera Internacional sobre el Lavado de Capitales (GAFI), que reúne a veintinueve estados, será la mejor herramienta: las cuarenta recomendaciones elaboradas por el GAFI —redactadas en 1990 y revisadas en 1996— constituyen una verdadera norma internacional, referencia para la legislación de los distintos estados; la publicación consecutiva de una "lista negra" de los países y territorios no cooperativos —actualizada periódicamente— le da a esta regla una fuerza particular, como lo prueba el acercamiento de las legislaciones penales de los estados[79].

Puede decirse entonces que no es clara la línea que separa los escenarios de regulación o desregulación para encontrar ese punto medio ideal al que ya hemos hecho referencia. De hecho, existen posiciones

---

[78] Jacques Chevallier, *El Estado posmoderno*, 3ª ed., (Bogotá: Universidad Externado de Colombia, 2011), 50-51.

[79] Jacques Chevallier, *El Estado posmoderno*, 220.

críticas frente a la globalización que van más allá de esta dificultad en lograr un consenso, pues se alega que más que lograr una flexibilización, lo que se genera es un debilitamiento de las instituciones clásicas[80]. Es por ello por lo que se debe abordar el fenómeno desde una perspectiva diferente, no-lineal que permita abordar los problemas desde una óptica más eficiente y eficaz, entendiendo que las temáticas que fueron abordadas de manera separada hoy confluyen en una especie de crisol en el que existen relaciones que antes no se evidenciaban como, por ejemplo, la que puede existir entre el derecho y la ecología[81].

La pregunta por responder, una vez se haya definido que es necesaria alguna intervención, será: ¿se quiere regular la figura de criptoactivo en términos generales, una especie de criptoactivo como pueden ser las criptomonedas, o algunas actividades que se pueden hacer con unos u otros?

---

80 "(...) gravita el riesgo de una versión administrativizada del principio de subsidiariedad, al servicio del neoliberalismo globalizador que se desembaraza de las posibles resistencias estatales y que contribuye a presentar los poderes públicos como meros instrumentos o aparatos suspendidos sobre una sociedad civil autorregulada de modo espontáneo por la libre iniciativa individual. Se trataría no tanto de una volatilización del Estado como de una vanificación del gobierno, sometido a las sedicentes leyes económicas del mercado global. Y se trataría también, no de flexibilización de los vínculos nacionales, sino más bien de su debilitamiento y casi desaparición". Miguel Ayuso, *¿Ocaso o eclipse del Estado?*, 95-96.

81 "En un mundo diferente de suma cero la ciencia de hechos, que es, en rigor, la ciencia humana habida desde la Grecia antigua hasta nuestros días, debe ceder su lugar a una ciencia de procesos. En ello consiste la capacidad misma de ver que el mundo, integrado y sensible, se ha convertido no ya meramente en una máquina, sino en un organismo. El mundo se ha tornado no-lineal, y este fenómenos (sic) exige de otras herramientas, lenguajes, métodos y aproximaciones que las que nos hicieron posibles hasta la fecha. En efecto, la globalización es tan sólo el título de una serie de problemas que apuntan, sin distingo, a adoptar visiones cruzadas e integrales entre dominios anteriormente contrapuestos y ajenos entre sí; por ejemplo, a las relaciones entre la ecología y la economía, entre la política y las ciencias cognitivas, entre el derecho y la biología, entre las matemáticas y el arte, en fin, igualmente, entre la física y la economía". Carlos Eduardo Maldonado, "La globalización como proceso: herramientas para pensar procesos", en *El Derecho en el contexto de la globalización*, editado por Gonzalo A. Ramírez Cleves, (Bogotá, Universidad Externado de Colombia, 2007), 43.

Al tratarse de un activo digital, se entiende que el mismo no es tangible, pues se trata de una serie de unos y ceros que están almacenados en distintos dispositivos de hardware (como pueden ser discos duros, memorias tipo flash o USB, entre otros) o en billeteras virtuales que pueden o no encontrarse en la red. Esto hace que este tipo de activo deba tener un tratamiento distinto al de un activo tangible, lo cual sin duda repercute en la forma en que debe regularse.

Así, procurando tener una visión en la que confluyan los conceptos de IVC, criptoactivos, globalización, soberanía, Internet, entre otros se identifican varios problemas que van a ser tratados en el siguiente capítulo, a saber: (i) problemas derivados del principio de legalidad, en el entendido que existen presupuestos jurídicos para el ejercicio de funciones de inspección, vigilancia y control que no siempre son aplicables en esta materia; (ii) problemas de aplicación de la ley en el espacio, por cuanto las transacciones con criptoactivos se generan en Internet; (iii) problemas respecto del enfoque que se quiera dar al ejercicio de funciones de IVC, pues existe un espectro de acción muy amplio entre lo preventivo y lo correctivo; y (iv) problemas de competencia para el ejercicio de funciones de IVC, por no existir en el país el marco jurídico adecuado para ello.

Parte II.
Inspección, vigilancia y control de criptoactivos: problemáticas actuales

En esta parte del documento se intentarán presentar las problemáticas que consideramos pueden identificarse una vez se ha escogido el camino de la regulación, que versan sobre aspectos que surgen como una aplicación a una realidad novedosa de un sistema jurídico anquilosado, realidad que pareciera desarrollarse con mayor ímpetu que nuestras instituciones tradicionales.

Como se anunció en el cierre de la parte anterior, los problemas identificados se presentarán de la siguiente manera: (i) problemas derivados del principio de legalidad, en el entendido que existen presupuestos jurídicos para el ejercicio de funciones de inspección, vigilancia y control que no siempre son aplicables en esta materia; (ii) problemas de aplicación de la ley en el espacio, por cuanto las transacciones con criptoactivos se generan en Internet; (iii) problemas respecto del enfoque que se quiera dar al ejercicio de funciones de IVC, pues existe un espectro de acción muy amplio entre lo preventivo y lo correctivo; y (iv) problemas de competencia para el ejercicio de funciones de IVC, por no existir en el país el marco jurídico adecuado para ello.

I. PRINCIPIO DE LEGALIDAD: UNA VISIÓN CALEIDOSCÓPICA

En una de las reflexiones más profundas que se han hecho sobre la ética de la guerra (que al fin y al cabo es el eje de este libro), cuenta el historiador Herodoto que Jerjes, rey de los persas, se preguntaba cómo era posible que los griegos combatieran con tanto ahínco estando "abandonados a la libertad" o sin un jefe absoluto como él mismo. Adamato el viajero le responde

que los griegos tienen un líder más poderoso todavía:
el jefe de los griegos es la ley

(Nueve Libros de la Historia 7.103.4)[1].

Veíamos en un apartado anterior la importancia que ostenta el principio de legalidad en un sistema jurídico como el nuestro para efectos de legitimar las funciones de supervisión, específicamente aquellas que tienen que ver con la facultad de control, pues es una manifestación del poder coercitivo que tiene el Estado respecto de ciertas situaciones que atentan contra el bien común. Recordemos que

> esa prerrogativa de la Administración representada en la potestad sancionadora no es autónoma, sino delegada, porque la facultad para su ejercicio no emana de la voluntad de la propia Administración, sino que en el contexto del Estado democrático y de derecho, tiene que ser otorgada por los órganos de representación popular o por el soberano directamente, mediante el ejercicio de la función constituyente o de la función legislativa, para determinar de esa manera el conglomerado jurídico de funciones y competencias estrictamente sometidas al principio de legalidad que permitirán su ejercicio[2].

Pues bien, históricamente, "fue la Gloriosa Revolución inglesa la que consagró por vez primera el principio de legalidad, porque prohibió que la ley pudiera ser modificada por el rey, y se dispuso que ésta sólo podía ser cambiada por el Parlamento"[3]. Esta garantía es la que encarna una verdadera democracia, pues son los representantes escogidos por el pueblo los llamados a expedir las reglas que deben regirnos a todos los ciudadanos. Así se logró

> el establecimiento de la ley como expresión de la voluntad general, encargada de cuidar el interés general, de defender el bien público. Con esto se instauró el imperio de la ley, el que de aquí en adelante iba a ser considerado el

1 Hernando Gómez Buendía, *Entre la independencia y la pandemia. Colombia, 1810 a 2020. La guerra más larga del mundo y la historia no contada de un país en construcción*, 2ª ed., (Bogotá: Rey Naranjo Editores y Fundación Razón Pública, 2021), 642.

2 Juan Gabriel Rojas López, *Derecho administrativo sancionador. Entre el control social y la protección de los derechos fundamentales*, (Bogotá: Universidad Externado de Colombia, 2020), 78.

3 Miguel Malagón Pinzón, *Vivir en Policía. Una contralectura a los orígenes del derecho administrativo colombiano*, (Bogotá: Universidad Externado de Colombia, 2007), 26.

código de conducta de los funcionarios de la Administración, quienes en adelante sólo podrían hacer lo que les estaba permitido expresamente por ella[4].

Situación que a la fecha se mantiene, por lo menos en la mayoría de los países de Occidente. Es el legislador quien está llamado a plasmar en la ley esas reglas a las que todo ciudadano se somete; pero esta función no carece de dificultades, ya que existen ciertas situaciones que pueden escapar de la imaginación del legislador y, por tanto, quedar sin regulación alguna, toda vez que resulta difícil estar a la vanguardia y poder predecir la evolución tecnológica y las herramientas que ellas puedan brindar para que el Estado ejerza sus funciones. Esto, sin entrar a discutir las problemáticas de índole política que la labor congresional conlleva, por lo menos en Colombia[5]. En palabras de Santaella,

> Tanto las restricciones cognoscitivas del legislador, como su limitada capacidad de reacción frente a las circunstancias cambiantes imperantes en ámbitos como el medio ambiente, la bolsa o la banca, llevan a que el legislador, deliberadamente, opte o bien por la desregulación a favor de la autorregulación, o bien por renunciar a la programación material por medio de programas

4 Miguel Malagón Pinzón, *Vivir en Policía. Una contralectura a los orígenes del derecho administrativo colombiano*, 26-27.

5 "Y es aquí donde empiezan a marcarse las peculiaridades del sistema político colombiano: a falta de una intermediación institucionalizada y robusta entre la nación y las localidades, los políticos ocuparon ese espacio y asumieron el papel como tarea prioritaria o aun casi exclusiva. La función de los congresistas en Colombia no es hacer leyes sino hacer mandados. Su oficio verdadero es recorrer las oficinas del gobierno nacional en busca de obras o servicios para beneficio de sus regiones respectivas. A la manera de un cónsul o de un agente general, la mayoría de los parlamentarios dedican la mayor parte del tiempo a esa tarea de intermediación, que implica oído atento a las solicitudes de muy diversa índole y tamaño, ojo atento a las oportunidades dispersas, funcionarios amigos o escogidos por ellos en las entidades nacionales y, por supuesto, capacidad de presionar. En el campo legislativo, esta tarea se extiende (y se limita) a buscar que las leyes (o decretos) contengan los parágrafos o expresiones que convengan a quienes votan por ellos o financian sus campañas. Por esa vía el Estado se ha seguido construyendo de abajo para arriba, así Núñez mandara construirlo de arriba para abajo". Hernando Gómez Buendía, *Entre la independencia y la pandemia. Colombia, 1810 a 2020. La guerra más larga del mundo y la historia no contada de un país en construcción*, 2ª ed., (Bogotá: Rey Naranjo Editores y Fundación Razón Pública, 2021), 280.

> normativos de tipo condicional-hipotético (si X, entonces Y), para echar mano de otras técnicas de dirección, como los programas finales (centrados, esencialmente, en la definición de principios y fines a conseguir) y la definición de estructuras de procedimiento y organización[6].

A lo anterior se suma otra preocupación y es la de una producción exacerbada de leyes, que paradójicamente dejan muchas situaciones sin regulación (o con una regulación deficiente):

> Si la certeza del derecho se ve menguada por la crisis de la dimensión estatal, pero también porque paradójicamente, como si fueran los estertores, la producción de leyes se hace incontenible, entonces, ¿dónde buscar? Tal vez la certeza, siguiendo el ejemplo romano, la pueda dar el ordenamiento, pero no cualquier ordenamiento, sino un ordenamiento fluido, y ya se dijo que la fluidez la da el diálogo[7].

Y es aquí donde encontramos un primer problema, pues si bien se busca un fundamento jurídico a través del diálogo, del consenso, existe una obligación jurídica de atenerse al principio de legalidad, que puede verse enfrentada a los principios de eficiencia y eficacia que deben informar las actuaciones de la Administración. Ello también "(...) ha llevado [a la Administración] a una situación de postración y creciente dependencia frente a los sujetos privados que poseen el conocimiento y los recursos (físicos, económicos, materiales y humanos) indispensables para el desarrollo de las actividades que precisa la guardia del interés general en estos sectores (i. e. labores de regulación, inspección, vigilancia y control)"[8].

En países como Estados Unidos, con base en las preocupaciones de aumentar la eficiencia y la eficacia de los distintos mecanismos implementados en sectores donde la legislación se suele mostrar rezagada, se optó por

> la relajación del vínculo de la Administración con la ley mediante la promoción de acciones informales como las guías, circulares interpretativas o documentos de política, exentos de los rituales procedimentales regulados

---

6 Héctor Santaella Quintero, "Las mutaciones del sistema de fuentes del derecho administrativo en Colombia", 141.

7 Édgar Cortés, "Fluidez y certeza del derecho. ¿Hacia un sistema abierto de fuentes?", 182.

8 Héctor Santaella Quintero, "Las mutaciones del sistema de fuentes del derecho administrativo en Colombia", 164.

> por la ley de procedimiento administrativo, desprovistos de efectos jurídicos vinculantes y mínimamente expuestos al control de los jueces (...) El Estado se despoja así de la superioridad jurídica que acompaña la habitual definición unilateral de medidas de policía, para asumir un papel dialogante, no jerárquico, en el cual no ordena sino que negocia, pacta, previene, aconseja, incentiva o promueve una conducta[9].

En Colombia, por su parte, en cuanto a evolución del marco normativo nacional, desde el año 1968 se permitió que el Congreso de la República dictara "normas generales", hoy conocidas como leyes marco, cuadro o generales. Estas normas, "originarias del derecho francés y premonitoriamente reconocidas por la jurisprudencia del Consejo de Estado, buscan hacer frente a la necesidad de contar con una regulación más ágil y técnica, que pueda ser rápidamente adaptada a las cambiantes circunstancias que presiden numerosos ámbitos de la realidad en que actúa la Administración"[10].

La evolución misma de la ciencia administrativa ha llevado a que se adopten medidas y figuras que no eran comunes a la esfera de lo público, en aras de que exista una mejor gestión por parte de la administración, lo cual no es ajeno a los postulados del Estado de derecho, pues un buen gobierno es manifestación de una institucionalidad sólida. Esta expresión de "buen gobierno" "tiene una acepción amplia y otra restringida. La primera es la del uso ordinario del idioma, aplicado en general a cualquier disposición encaminada al bien común. La segunda —aunque como es lógico comprendía la primera— se refiere a un campo semántico más concreto: al gobierno de las ciudades y que, en este caso, tendría un sinónimo casi perfecto en el término policía"[11]. Así, normalmente se entiende que una de las características de un buen gobierno es la de tener una actividad policiva eficaz.

---

9 Héctor Santaella Quintero, "Las mutaciones del sistema de fuentes del derecho administrativo en Colombia", 167.

10 Héctor Santaella Quintero, "Las mutaciones del sistema de fuentes del derecho administrativo en Colombia", 122.

11 Ronald Mansilla Escobedo, "El Bando de Buen Gobierno, instrumento de la Ilustración", en *Memoria del X Congreso del Instituto Internacional de Historia del Derecho Indiano*, tomo I, (México: UNAM, 1995), 476.

Es la búsqueda de esa eficacia, y por supuesto de la eficiencia, lo que ha generado cambios en el paradigma de la gestión administrativa. Para cierto sector de la doctrina internacional, "el hecho de que el Estado esté sometido a normas derogatorias de derecho común es percibido contrario tanto a la exigencia de aproximación de la gestión pública y de la gestión privada como a la preocupación por la protección de los derechos individuales"[12]. Y desde la orilla nacional también encontramos que

> En efecto, la valoración social, política, práctica y, también, jurídica de la administración pública, hoy tienen una importancia destacada esos valores de la eficiencia y la eficacia. De aquella se exige primariamente no solo que obre o actúe, sino que, al hacerlo, "resuelva" los problemas sociales, es decir, que produzca, en cada caso, un determinado resultado efectivo: una "obra", cabalmente la pretendida y señalada como objetivo al diagnosticar el problema de que se trate[13].

Hoy en día no es raro encontrar que se mida la gestión de la administración bajo un enfoque empresarial, pues "frente a los problemas de funcionalidad del paradigma weberiano, se propuso un nuevo modelo que respondió a distintas denominaciones y matices, como new *public management*, paradigma posburocrático, administración pública gerencial o gobierno empresarial, cuyo común denominador era la introducción en el sector público de mecanismos propios de la empresa privada y el mercado"[14]; de hecho, es la regla general. Según Chevallier,

> El postulado según el cual la gestión pública, puesta al servicio del interés general, no podía medirse en términos de eficacia dio paso a la idea de que la administración está obligada, al igual que las empresas privadas, a mejorar sin cesar sus resultados y a reducir sus costos; ella debe efectuar sus misiones, en las mejores condiciones posibles, velando por la calidad de sus prestaciones y utilizando lo mejor posible los medios a su disposición. La diferencia con la empresa privada tiende por lo tanto a esfumarse[15].

---

12 Jacques Chevallier, *El Estado posmoderno*, 3ª ed., (Bogotá: Universidad Externado de Colombia, 2011), 130.

13 Manuel Alberto Restrepo Medina *et al.*, *Globalización del derecho administrativo colombiano*, 64.

14 Manuel Alberto Restrepo Medina *et al.*, *Globalización del derecho administrativo colombiano*, 79.

15 Jacques Chevallier, *El Estado posmoderno*, 124.

El devenir histórico nos ha enseñado lo siguiente:

> la industrialización de las sociedades, la entrada en vigor de las teorías neoliberales y la liberalización de muchos servicios públicos ocasionará que la teoría del ente también justifique la idea de un Estado Empresario, algunas veces utilizando moldes ajenos al derecho privado (establecimientos industriales y comerciales en Francia) o regulados por este (sociedades públicas por acciones)[16].

Empero, es importante poner de presente que no todas las opiniones frente al modelo empresarial de Estado son halagüeñas, pues para algún sector esa especialización del gobierno impide que exista una verdadera representación del electorado:

> Esta novedosa forma de estructura del poder, en donde se acrecienta de manera ostensible el predominio del órgano ejecutivo o de administración, da cuenta de cómo la imposición de la lógica mercantil o económica se impone a las necesidades de la lógica política. El "modelo empresarial de Estado", ya que como en una empresa son las juntas directivas las que prevalecen dentro de las organizaciones; permite, según la ingeniería constitucional de nuestros días, una mayor agilidad en la promulgación e imposición de medidas propias de la economía. Sin embargo, esta forma de gobierno pragmática, regida por técnicos y especialistas, elimina el debate político y la representación que se realiza en los congresos o parlamentos, y en últimas produce un "déficit democrático" que no es otra cosa que el aniquilamiento de la inserción de la sociedad dentro del Estado[17].

Ahora bien, pese a la prevalencia que se viene dando a los principios de eficiencia y eficacia como base axiológica para un buen gobierno, no podemos alejarnos del principio de legalidad consagrado en varias disposiciones de la Constitución Política, según el cual "Es deber de los nacionales y de los extranjeros en Colombia acatar la Constitución y las leyes, y respetar y obedecer a las autoridades (...) Los particulares sólo son responsables ante las autoridades por infringir la Constitución y las leyes. Los servidores públicos lo son por la misma causa y por omisión o extralimitación en el ejercicio de sus funciones". Así las cosas, quien ejerza función pública deberán ha-

---

16 Jorge Iván Rincón Córdoba, "La organización administrativa como soporte del modelo de Estado social de derecho", 357.

17 Édgar Cortés, "Fluidez y certeza del derecho. ¿Hacia un sistema abierto de fuentes?", en *El Derecho en el contexto de la globalización,* editado por Gonzalo A. Ramírez Cleves, (Bogotá, Universidad Externado de Colombia, 2007), 208.

cer exactamente lo que le está permitido en las normas que rijan su actividad, sin poder omitir dicho comportamiento o extralimitarse en el mismo, pese a que ello eventualmente riña con los principios ya mencionados.

Con todo, estas nuevas perspectivas y la incorporación de conceptos de raigambre económica en la creación de normas nos llevan a utilizar un enfoque distinto frente a esta labor. Como bien lo expone Safar,

> Las normas jurídicas tienen como punto central el efecto sobre la vida en general de las personas y su conducta, de modo que para que sean eficientes, desde el punto de vista de la economía, deben diseñarse de manera cuidadosa y entendiendo que su finalidad solamente se logrará si en su proceso de estructuración se tiene en cuenta a sus destinatarios, a efecto de que aquellas sean eficientes[18].

El problema radica en que cada vez es más difícil para el legislador poder conocer bien el espacio que busca regular, y generalmente los tiempos que necesita para producir normas no se acompasan con la vertiginosidad del proceso evolutivo tecnológico, lo que genera que ceda espacios a otros entes o actores que podrían realizar la misma labor de una mejor manera:

> Ante el inevitable proceso de evolución tecnológica, el legislador se ve cada vez más obligado a dejar amplios márgenes de discreción en manos del Administrador. El déficit de información del Parlamento, en términos comparativos con el gobierno, es tanto más grave cuanto que cada cuestión implica un tecnicismo creciente y una pluralidad de intereses en conflicto, y refuerza la disminución de la capacidad parlamentaria, haciendo que surja como un órgano desprovisto de elementos que permitan una intervención conveniente y oportuna en la toma de decisiones, además de poner de manifiesto su propia dependencia institucional de quienes le proporcionan esta información[19].

Es sorprendente que, como lo menciona Parejo,

> Hoy la certeza del derecho depende pues y paradójicamente, de la incerteza de sus conceptos básicos, pues solo una textura abierta puede permitir la adaptación que precisa. Porque en el curso de los procesos innovativos el derecho debe

---

18 Mónica Sofía Safar Díaz, "Análisis económico de la sanción administrativa", en *El poder sancionador de la administración pública: discusión, expansión y construcción*, XIX Jornadas Internacionales de Derecho Administrativo, editado por Alberto Montaña Plata y Jorge Iván Rincón Córdoba, (Bogotá: Universidad Externado de Colombia, 2018), 895.

19 Ivar Hartmann y Sergio Guerra, "Los riesgos, la asimetría regulatoria y el desafío de las innovaciones tecnológicas", 349-350. Otero, 2003, 108.

> crear seguridad y defender frente a peligros, pero ha de hacerlo desde la falta de conocimiento del objeto de la posible regulación y el modo de su eficacia[20].

Por ello, la doctrina nacional autorizada se ha pronunciado respecto del replanteamiento que debe hacerse frente al principio de legalidad desde un punto de vista tradicional o clásico, en el entendido que el mismo no puede ser una camisa de fuerza. En términos del profesor Santaella, "seguir entendiendo este principio como una exigencia de "cobertura legal de toda la actuación administrativa" resulta innecesario y problemático tanto desde la óptica constitucional como desde el ángulo de la realidad presente de nuestra sociedad"[21].

Así las cosas, con la creciente participación del ejecutivo en el ámbito regulatorio por las razones antes expuestas, se necesita tener claros los parámetros de intervención y las facultades necesarias para lograrla. Después del colapso del Estado liberal (laissez faire-laissez passer), se hace necesario replantear las formas en que este puede intervenir en la economía. "Esta fase de reorganización de las relaciones sociales generalmente ha sido caracterizada como la instauración de los principios de racionalidad y racionalización de la ecuación taylorismo-fordismo-keynesianismo, que le sirven o, más bien, le imponen al Estado de derecho una reestructuración de sus formas de intervención"[22]. Queda claro que

> La mayor complejidad social y económica se traduce en la incursión de la Administración en nuevos campos, la proliferación de nuevas formas de organización administrativa y el requerimiento de una mayor tecnificación por parte de las autoridades. *La expansión y vigorización de la Administración vino aparejada de la necesidad de emplear técnicas regulatorias distintas, más acordes con los requerimientos de especialidad y adaptabilidad que elevan estos nuevos sectores de intervención administrativa*[23].

---

20 Luciano Parejo Alfonso, "Algunas reflexiones sobre la evolución y situación actual del sistema de fuentes del derecho", 208.

21 Héctor Santaella Quintero, "Las mutaciones del sistema de fuentes del derecho administrativo en Colombia", en *Las transformaciones de la administración pública y del derecho administrativo,* editado por Jorge Iván Rincón Córdoba, (Bogotá, Universidad Externado de Colombia, 2019), 158.

22 Manuel Alberto Restrepo Medina *et al.*, *Globalización del derecho administrativo colombiano,* 14-15.

23 Héctor Santaella Quintero, "Las mutaciones del sistema de fuentes del derecho administrativo en Colombia", 125.

Ahora bien, no es solo al interior del Estado que se encuentran el conocimiento y la experticia para lograr una buena regulación. Como apunta certeramente Esteve Pardo,

> si por un momento parecía que la Administración Pública con sus cuerpos especiales, sus técnicos, sus medios de información e investigación se hacía con ese dominio sobre el saber técnico y especializado, la realidad nos muestra que desde tiempos muy recientes el dominio sobre el conocimiento científico y técnico, con el inmenso poder que de él se deriva, se sitúa fuera de la Administración, extramuros del Estado[24].

Esto implica que se abra la puerta para que incluso sea en instancias distintas a las estatales donde se produzcan las reglas o normas que eventualmente deberían regir ciertas actividades. Lo anterior se traduce en una variación del sistema de fuentes tradicional, pues:

> El derecho hoy parece querer y poder fluir de todas las instancias sociales, indiferentes o desentendidas de un derecho, impuesto; y quizá, a este propósito, esta metáfora, la de la fluidez del derecho, se deba agregar aquella de las fuentes, pues no se puede afirmar que sólo en presencia de un sistema rígido de fuentes del derecho, centrado en la ley, se satisfaga la certeza como garantía. Un sistema fluido de fuentes, es decir, un sistema que encuentra y traduce esas normas indispensables para suplir las necesidades de la sociedad, en diferentes ámbitos de la realidad, normas que, correctamente identificadas y conciliadas, no tienen por qué minar la certeza del derecho. Fluidez y certeza no son términos excluyentes[25].

Es por ello por lo que Restrepo concluye, respecto de la tensión ya expuesta y los posibles escenarios para resolverla, que

> Para tratar de resolver estas tensiones [entre los intereses del mercado y la ciudadanía], esta nueva forma de derecho administrativo policial se caracteriza por buscar la eficacia y la eficiencia mediante la simplificación normativa y procedimental, la instrumentación normativa a través de la potestad reguladora de autoridades independientes y no de la potestad reglamentaria del Gobierno, la ampliación de los espacios de autorregulación y autocontrol por

---

24 José Esteve Pardo, "La nueva relación entre Estado y sociedad. Aproximación al trasfondo de la crisis", Madrid, Marcial Pons, 2013, p. 79, citado por Héctor Santaella Quintero, "Las mutaciones del sistema de fuentes del derecho administrativo en Colombia", 136.

25 Édgar Cortés, "Fluidez y certeza del derecho. ¿Hacia un sistema abierto de fuentes?", en *El Derecho en el contexto de la globalización,* editado por Gonzalo A. Ramírez Cleves, (Bogotá: Universidad Externado de Colombia, 2007), 164.

> parte de los sujetos vigilados y la utilización de instrumentos propios del derecho reflexivo más que de mecanismos impositivos de intervención[26].

Esto abre paso a una modalidad distinta que hace unos años tal vez fuese impensable, que podría relajar aún más la posición del principio de legalidad en funciones de supervisión dentro de un Estado de derecho, pues se cede en cierta medida esa facultad para que sea ejercida por los mismos supervisados, entendiendo que son ellos quienes cuentan con la información y los medios más aptos para ello.

Tratando de acoger estas nuevas realidades sin necesidad de olvidar por completo la relevancia del principio de legalidad dentro de un Estado de derecho, Chevallier manifiesta que "la complejidad de los mecanismos de producción del derecho impondría por lo tanto la ampliación de la teoría clásica de las "fuentes de derecho", fundada en la primacía de la ley: junto a las fuentes clásicas "del derecho" ("derecho duro" producido por el Estado), convendría tener en cuenta nuevas fuentes "de derecho" (normas no obligatorias y no sancionadas inscritas en la perspectiva de un "derecho flexible"), así como las fuentes "de inspiración del derecho", sostenidas por el derecho sin formar parte de él[27]. Aunque todas las fuentes del derecho concurrirían al final de cuentas hacia el derecho estatal, que contribuirían a abastecer. Por ello, el derecho transnacional se encuentra integrado al derecho interno de los estados"[28].

Vemos que aquí se tiene en cuenta la dimensión de un "derecho flexible", aunque se presente desde una óptica transnacional; sin embargo, no está claro si esas nuevas fuentes devienen de órganos supraestatales compuestos por varios Estados, o si surgen del consenso de entes particulares que tienen presencia en distintas latitudes, pero que en todas ellas tienen la calidad de entidades privadas objeto de supervisión. La nueva realidad nos lleva a procurar entender que

> los espacios del tiempo presente parecen ser los espacios abiertos del mercado, del comercio, de la economía y las finanzas libres, del intercambio y circulación de cosas y personas, espacios que proponen un derecho nuevo, sin barreras, sin fronteras o por fuera de ellas, y que ha hecho pensar en un

---

26 Manuel Alberto Restrepo Medina *et al.*, *Globalización del derecho administrativo colombiano*, 64.

27 Thibierge, 2006.

28 Jacques Chevallier, *El Estado posmoderno*, 230.

> sistema jurídico que no tenga ya, en el territorio, su centro propio de existencia y de referencia, un derecho que, por eso, esté en irremediable conflicto con el positivismo jurídico ligado al Estado[29].

Aunque el asunto de aplicación de la ley en el espacio se trata en un aparte posterior de este documento, vale la pena establecer que, desde la óptica tradicional del principio de legalidad, en un ambiente con realidades como las que estamos viviendo actualmente, es necesario replantear sus bases para adaptarlo a los nuevos tiempos: la legalidad como manifestación de la voluntad del pueblo puede ser maleable, como ya se ha visto, y la legalidad atada a un espacio territorial definido, también.

Por supuesto, las críticas a este modelo que se aleja de un Estado de derecho tradicional no se han hecho esperar, y algunos autores como Ayuso son bastante fuertes, pues consideran que ese tipo de mutaciones generan más desorden y son reflejo de debilidad. Veamos:

> Desde un prisma tal, permítaseme la digresión, no del todo impertinente, la verdadera faz del "Estado mínimo" es, pues, el "Estado débil". Pues no es el poder subsidiario, respetuoso de la recta constitución social y supletivo allí donde ésta aparece insuficiente. Ni siquiera el Estado que, aun sin alcanzar lo anterior, retrocede —¿cómo? ¿con qué consecuencias?— de zonas que nunca debió invadir. Es el Estado del neoliberalismo, esto es, el Estado llamado pluralista, el Estado que, habiendo perdido su dimensión moral y dejado de ser el lugar de concentración estable de las instituciones y los ciudadanos, se ha convertido en el lugar mismo del desorden[30].

No obstante, el nuevo modelo tiene una fuerte defensa desde la misma legalidad, pues la legitimación de que sea un legislador escogido popularmente el que defina las reglas de juego tiene su par en el consenso necesario para que sean las reglas definidas por una fuente distinta a la ley las que apliquen a estos nuevos escenarios:

> La crisis de la razón jurídica comprometió esta eficacia normativa: la fuerza de la regla de derecho no procede ya de su enunciado como orden obligatoria, a la cual todos deben someterse; depende, en adelante, del consenso que la rodea. Este consenso supone que los destinatarios toman parte en su elaboración: la concertación previa, la participación en la definición de la

---

29 Édgar Cortés, "Fluidez y certeza del derecho. ¿Hacia un sistema abierto de fuentes?", 161.

30 Miguel Ayuso, *¿Ocaso o eclipse del Estado?*, 64.

> norma se convierte en la garantía de su fundamento; el derecho pasa a ser así un derecho negociado, fruto de una deliberación colectiva[31].

Se trata de una perspectiva distinta del principio de legalidad, pues ya no existe una norma que surge de un proceso tradicional de formulación y aceptación por parte de un órgano que representa la voluntad de la ciudadanía, que además le es impuesta y puede serle exigible de manera coercitiva por el Estado, sino de una adhesión voluntaria a unas reglas definidas de una manera mucho más eficiente y eficaz, pues son quienes forman parte de cierto ámbito o actividad quienes las promulgan y hacen valer; es un giro adicional al caleidoscopio de la legalidad: se trata de "Una nueva concepción del derecho, caracterizada por el reflujo de los elementos de coacción y de unilateralidad[32], apareció en las sociedades contemporáneas. Más que a recurrir a los preceptos jurídicos tradicionales, se tiende a recurrir a técnicas más flexibles, propias de una "dirección jurídica no autoritaria de las conductas"[33]: los textos indican "objetivos" por alcanzar, fijan "directivas" por seguir, formulan "recomendaciones" por respetar, pero sin darles fuerza obligatoria; la norma no tiene más carácter imperativo y su aplicación depende no de la sumisión sino de la adhesión de los destinatarios"[34].

Las formas en que esta nueva lectura del principio de legalidad puede manifestarse son muchas, aunque en todas ellas confluye un elemento fundamental, que es el que legitima la acción del legislativo en un Estado de derecho: el consenso. Así,

> se encuentran en numerosos sectores de actividad documentos según los cuales, bajo distintos nombres (guías prácticas, referenciales, recomendaciones, códigos de uso, directrices, normas, especificaciones, etc.), aportan a los profesionales algunas herramientas e indicaciones para la práctica de su actividad[35]: fruto de un trabajo colectivo de reflexión y siendo objeto de una adhesión voluntaria, no tienen fuerza obligatoria; sin embargo, pueden adquirir un alcance jurídico, a través de los compromisos acordados por los profesionales

---

31 Jacques Chevallier, *El Estado posmoderno*, 242.

32 Zagrebelsky, 2001.

33 Amselek, 1982.

34 Jacques Chevallier, *El Estado posmoderno*, 246.

35 Sablière, 2007.

y de un proceso de certificación, de "reconocimiento" o de "validación" por las autoridades públicas[36].

Para Restrepo

> Ese *soft law* ha sido considerado un conjunto de normas dictadas por profesionales, por su propia iniciativa, en colaboración con los consumidores o con el Estado, con fundamento en una habilitación estatal, como instrumentos de aplicación consensuada, sin fuerza legal. Aparece recogido en muy diversos instrumentos (como declaraciones, cartas o resoluciones) que recogen principios, conceptos y criterios no incorporados al derecho positivo, que adquieren importancia a la hora de su aplicación por parte de los jueces y como referencias de las resoluciones de los poderes públicos. Se aplica generalmente en el sector financiero, las comunicaciones, las ventas y la publicidad. Entre los instrumentos se destacan los mecanismos de resolución de conflictos, los mediadores, los códigos de buena conducta y los de buen gobierno[37].

Esto no es de manera alguna "novedoso" en nuestro país. Podemos traer como ejemplo un Acto Legislativo de 1968 que hacía referencia a la incorporación a nuestro ordenamiento jurídico de normas generadas en un ámbito supranacional:

> Por último, la habilitación del numeral 18 del artículo 11 del Acto Legislativo 01 de 1968 para la celebración de acuerdos internacionales encaminados a la creación de instituciones supranacionales de integración económica también resulta indicativa de otro cambio en un aspecto basal del sistema de fuentes jurídico-administrativo. La Constitución reconoce así un fenómeno muy contemporáneo, que entonces estaba apenas en formación, pero que con los notables avances de la integración europea iba en ascenso: *el traslado de competencias normativas a instancias supranacionales*, dotadas así de facultades para dictar normas con efecto inmediato y aplicación directa y preferente en el ordenamiento interno[38].

Vemos que, incluso desde las bases jurídicas fundamentales de nuestra Nación, continuando con la línea establecida en un cuerpo constitucional anterior,

> Aun cuando la Constitución proclamó al Estado de derecho como principio fundamental de nuestra organización político-jurídico-administrativa, se apartó

---

36 Jacques Chevallier, *El Estado posmoderno*, 248.

37 Manuel Alberto Restrepo Medina *et al.*, *Globalización del derecho administrativo colombiano*, 35.

38 Héctor Santaella Quintero, "Las mutaciones del sistema de fuentes del derecho administrativo en Colombia", 126.

de la concepción clásica del principio de legalidad que suele llevar aparejado como una de sus garantías fundamentales. No lo desechó. Adoptó una visión más amplia de él e impuso el sometimiento de la Administración y los jueces al derecho (y no específicamente a la ley), esto es, a un bloque de legalidad o principio de juridicidad que, además de las leyes formales, comprende las distintas categorías que integran el ordenamiento jurídico, con toda la complejidad que ello supone en la actualidad (bloque de constitucionalidad, normas comunitarias, normas internacionales, leyes, reglamentos de todo tipo, precedentes, etcétera). En definitiva, como apunta Cassese, en la realidad actual, "el llamado principio de legalidad va más allá de la legalidad y, ciertamente, la ciencia no debe tomarlo en su sentido decimonónico para otorgarle un nuevo valor"[39].

Se abre así la puerta para hablar de un nuevo concepto, no ya el clásico de legalidad, que difícilmente se adapta a nuestra nueva realidad, sino el de juridicidad que es mucho menos rígido que el anterior:

> El principio de legalidad comienza a deslizarse hacia un más general y omnicomprensivo principio de juridicidad, que comprenda también a la Constitución. Y el derecho administrativo, tradicionalmente ligado con el derecho interno, comienza a ver agrietarse esa relación, antes monolítica. Solo la construcción jerárquica del sistema normativo y el carácter formal de las categorías que lo conforman se mantienen intactos. El desplome de esta visión del sistema de fuentes es, pues, inminente[40].

En palabras del profesor Santaella, "las consecuencias para el sistema de fuentes no son otras, como ya se ha avanzado, que las de un proceso de paso desde, de un lado, la unidad y la jerarquía al pluralismo y la heterarquía y, de otro lado, la estatalidad a la supraestatalidad e, incluso, el universalismo"[41].

Lo anterior nos lleva a preguntarnos cuál será el enfoque que debe darse a las actividades de inspección, vigilancia y control frente a los criptoactivos desde el punto de vista del principio de legalidad: ¿será el más restrictivo de todos, estableciendo un marco de acción rígido para cada una de las actividades de supervisión, será el más laxo, que permite cierto ámbito de discrecionalidad dentro de cada

---

39 Héctor Santaella Quintero, "Las mutaciones del sistema de fuentes del derecho administrativo en Colombia", 163.

40 Héctor Santaella Quintero, "Las mutaciones del sistema de fuentes del derecho administrativo en Colombia", 127-128.

41 Luciano Parejo Alfonso, "Algunas reflexiones sobre la evolución y situación actual del sistema de fuentes del derecho", 217.

una de las actividades de supervisión (excluyendo la de control, por las razones expuestas en la parte I del presente documento) y que permite además que dichas actividades puedan estar en cabeza de entes distintos al Estado, o será una mezcla entre ambos extremos que brinde soluciones eficaces y eficientes?

Si hemos de optar por una especie de híbrido, no dando ya aplicación al principio de legalidad de manera estricta, sino a uno de juridicidad que podría ser una versión caleidoscópica de aquel, es claro que podría generarse la posibilidad de que las actividades de supervisión estuvieran por fuera de la órbita de la administración, lo que sin duda generaría eficiencias en esta gestión, aunque conlleva riesgos asociados a la pérdida de control sobre ellas. Adicionalmente, existiría cierta discrecionalidad respecto de aquello que podría estar permitido en ejercicio de funciones de inspección y vigilancia, cuando menos.

Será necesario, entonces, y desde aquí consideramos que lo es, determinar si se establece una política pública sobre criptoactivos y allí decidir cuál será el enfoque que quiera darse a la intensidad de aplicación del principio de legalidad, pues de ello dependerá el ámbito de acción dentro de las acciones de supervisión y quién podría ejercerla eventualmente.

II. APLICACIÓN DE LA LEY EN EL ESPACIO: UN PROBLEMA DE CLÁSICA SOBERANÍA

"Cuando los Von Trapp llegan a Suiza, solo el más simplote de los niños osa preguntar ¿Por qué los nazis no cruzan la frontera y los atrapan?". Aquellos con un marco mental jurisdiccional comprenden que no pueden cruzar la línea, que si lo hacen su autoridad se desvanecerá como el carruaje de Cenicienta al llegar la medianoche. La lógica de gobierno es la lógica de la jurisdicción: la cuestionas y todo lo sólido se desvanece en el aire"[42].

En el anterior aparte quedó establecido que uno de los problemas a enfrentar para la regulación de criptoactivos tiene que ver con la

42 Richard T. Ford, "El territorio del derecho (una historia de la jurisdicción)", en *Derecho y geografía: espacio, poder y sistema jurídico,* (Bogotá: Siglo del Hombre editores y Universidad de los Andes, 2020), 102-103.

aplicación del principio de legalidad, en el entendido que no existe un baremo que permita establecer su nivel de rigidez frente a las necesidades actuales.

Sin embargo, ese problema con la legalidad no se queda allí, pues también existe un problema con la aplicación de la norma en el espacio en lo que respecta a criptoactivos. Ello, por cuanto el ejercicio de facultades de supervisión es, desde un punto de vista clásico, una manifestación de soberanía, y esta se encuentra supeditada (en principio) al territorio de una Nación. Sin embargo, teniendo en cuenta que la mayoría de las transacciones con criptoactivos se realizan en línea, esto es, en Internet, un espacio virtual en el que confluyen realidades de distintas latitudes, se genera un problema frente al establecimiento de esa soberanía y, por ende, el ejercicio de las facultades de inspección, vigilancia y control.

Esto se debe a que las nuevas tecnologías nos llevan a un escenario en el que las barreras físicas se disipan y se generan espacios que han sido descritos como "globales":

> Se trata de un proceso impulsado en esencia por los desarrollos tecnológicos. Como lo plantea John Gray en su libro Falso amanecer, es la expansión de las nuevas tecnologías, no la de los mercados libres, lo que está creando una economía en verdad global. Es la producción organizada y dinamizada por la tecnología y el control de los mercados, no como en los albores del capitalismo industrial, en los tiempos de Adam Smith, por la competencia perfecta o atomizada. La de hoy es una economía de mercado distorsionada en su funcionamiento por la acción de las grandes corporaciones, convertidas en su epicentro y motor, en un contexto de no competencia y de arreglos económicos, más parecido en su operación a lo sucedido en el periodo mercantilista y luego en las décadas del socialismo de Estado. Es el reinado de la tecnología y sus servidores, las burocracias y los emprendedores schumpeterianos[43].

Vemos entonces cómo a través de la tecnología, o gracias a ella, se generan unas situaciones que no siempre encajan con la construcción institucional que fue prevista para una realidad distinta, en la que la percepción del mundo no tenía lugar desde ópticas con prismas tan variados como los actuales, que muchas veces logran confundir más de lo que aclaran.

---

43 Juan Manuel Ospina, *Economía para no economistas. Un relato de la formación del pensamiento económico*, (Bogotá, Universidad Externado de Colombia, 2019), 409.

Ya se mencionaba en el anterior aparte que podría flexibilizarse el concepto de legalidad, o adoptar el de juridicidad con el fin de que existiera la posibilidad de establecer un orden legal supranacional (público o privado), y que las facultades de supervisión pudieran ejercerse en ese nivel. Ya mencionaba Chevallier que "el Estado posmoderno reconoce así la existencia de otros protagonistas, con los que está obligado a negociar, sin refugiarse detrás de una soberanía considerada de sobra ilusoria. Estas nuevas características de la sociedad internacional incitan a la construcción de nuevas entidades que sobrepasan el marco del Estado nación"[44]. Por lo tanto, en el presente aparte se estudiará el concepto de soberanía, su relación con el territorio, y cómo esa relación se desdibuja en la actualidad, para establecer de qué manera se puede adoptar una posición que concilie nuestras instituciones jurídicas clásicas con los retos que nos formula el presente con su vertiginoso desarrollo y evolución.

La soberanía puede definirse como un "poder ilimitado por encima de los cuerpos sociales, mientras que la potestad suprema implica que cada cuerpo político, incluidas las potestades del monarca, está encerrado dentro de unos límites"[45]. Según Ayuso, "el concepto soberanía de Bodino, aplicado al Estado, unificó el concepto organicista de superioridad relativa del gobierno, incluso de supremacía política, monopolizadora de la actividad política, con la capacidad de legislar, al atribuir también el monopolio de la ley al soberano político estatal"[46].

La actividad de policía, y específicamente la función de supervisión, contempla un ejercicio de soberanía cuya área de acción depende de un territorio. Este primer concepto de soberanía es fundamental, pues "no se concibe el objeto de una nación, ni la razón de ser de su existencia, sin su soberanía, dado que esta soberanía es la autoridad moral al propio tiempo que la efectividad del poder con que cada nación dispone su suerte y figura, de igual a igual, en el

---

44 Jacques Chevallier, *El Estado posmoderno*, 3a ed., (Bogotá: Universidad Externado de Colombia, 2011), 81.

45 Miguel Ayuso, *¿Ocaso o eclipse del Estado?*, 51.

46 Miguel Ayuso, *¿Ocaso o eclipse del Estado?*, 59.

concierto de todos los Estados constituidos o nacionalidades organizadas en que está dividido el mundo civilizado"[47].

Si bien es cierto que la soberanía se refleja en un ejercicio de autodeterminación de cada Nación, en lo que se refiere a actividades de supervisión, específicamente en la parte sancionatoria, normalmente se asocia a la soberanía con la violencia. De hecho, "Max Weber definía el Estado y su derecho como aquello que monopoliza la violencia y la convierte en fuerza legítima en un territorio"[48]. Esa posibilidad de coerción en cabeza del Estado mediante el derecho, en ejercicio de sus funciones y legitimado por una soberanía proveniente de la aceptación de todos los ciudadanos, se miraba como violencia. En palabras de Blomley, "(...) la violencia, aun cuando sea implícita o solo una amenaza de ella, es uno de los medios con los cuales el derecho actúa en el mundo. La violencia no es algo aberrante para el derecho, sino esencial a él. No es excepcional, sino cotidiana. La violencia no solo es un producto del poder, sino su vehículo"[49].

Así las cosas, la soberanía es un ejercicio de poder que se asocia en algunos casos con la violencia. Se trata de una imposición de un ente abstracto que se ubica en un plano distinto del de los ciudadanos, precisamente porque cuenta con soberanía. Chevallier lo explica de la siguiente manera:

> Comprendido en su sentido funcional, el "gobierno" designa "la acción o la manera de dirigir o de regular (alguien o algo)"; se basa en una determinada concepción del poder, caracterizada por la asimetría, la desigualdad, la unilateralidad, es decir, da a quien lo tiene la capacidad de imponer su voluntad al destinatario; implica la existencia al mismo tiempo de un foco, de una fuente (única) de poder y de recursos de todo tipo (jurídicos, físicos, simbólicos), que le permiten a su depositario hacer prevalecer sus puntos de vista. A este respecto, el gobierno parece consubstancial al Estado, en la medida en que

---

47 José María Samper, *Derecho público interno de Colombia,* (Bogotá: Temis, 1982), 300.

48 Nicholas Blomley, "Derecho, propiedad y geografía de la violencia: la frontera, el censo inmobiliario y la grilla", en *Derecho y geografía: espacio, poder y sistema jurídico,* (Bogotá: Siglo del Hombre editores y Universidad de los Andes, 2020), 254.

49 Nicholas Blomley, "Derecho, propiedad y geografía de la violencia: la frontera, el censo inmobiliario y la grilla", 296.

> éste está basado en el principio de "soberanía", el cual postula que el Estado dispone de la potestad suprema de dominación[50].

Ahora bien, esa soberanía deriva y se legitima, en un Estado de derecho, en el ejercicio democrático representativo, pues es el pueblo, la ciudadanía, quien se somete voluntariamente a ese poder. Bien decía el arzobispo de Bogotá en una pastoral de 1878 que

> [S]i el pueblo es el único soberano, no hay nadie superior a él, ni en el cielo, ni en la tierra, y él no debe estar sometido a otras leyes que a las que él mismo haga: oponer una voluntad a su soberana voluntad, es ofender su dignidad, atentar contra su suprema autoridad legislativa; él manda siempre, y no debe obedecer jamás, no debe ningún culto de sumisión a nadie; y a qué otra cosa queda reducida esta doctrina sino al funesto error de sustituir el orgullo humano a la autoridad divina[51].

En esa misma línea, actualmente en nuestro país

> La idea de administración se remite a la existencia de una comunidad soberana que, se supone, está al servicio de una agrupación políticamente instaurada. Esa noción da por sentada una organización representativa a todos los niveles y en el ámbito territorial ha venido presentando en Colombia grandes transformaciones a partir de la Constitución de 1991, particularmente en las entidades territoriales que, conforme al artículo 287, tienen derecho a gobernarse por sus propias autoridades, ejercer las competencias que les corresponden y participar en las rentas nacionales[52].

Esta posición respecto de la manifestación de poder a través de la soberanía es de vieja data. Sin embargo, el concepto de soberanía no siempre ha estado asociado a un territorio delimitado: "(...) Maine afirma que la primera soberanía moderna europea estaba dividida en dos concepciones, ninguna de las dos territorial. Por un lado, estaba lo que Maine llama "soberanía de la tribu", practicada por los pueblos nómadas". Estos grupos "no derivaban la reclamación de un derecho del hecho de la posesión territorial, a la que no le

---

50 Jacques Chevallier, *El Estado posmoderno*, 406-407.

51 *Pastoral del ilustrísimo señor Arzobispo de Bogotá para la cuaresma*, (Bogotá: Imprenta de Echeverría Hermanos, 1878), 6, citado en Miguel Malagón Pinzón, *Vivir en Policía. Una contralectura a los orígenes del derecho administrativo colombiano*, 115.

52 Jaime Ossa Arbeláez, *Derecho administrativo sancionador. Una aproximación dogmática*, 5.

atribuían ninguna importancia". En lugar de eso, el gobernante de una nación era rey de un pueblo, no de un territorio. Por otro lado, un gobernante con mayores ambiciones podía reclamar un dominio imperial o universal: "[E]l precedente que se sugirió adoptar fue la dominación de los emperadores de Roma [...] El jefe del clan que ya no se denomina a sí mismo rey de la tribu debe reclamar ser emperador del mundo"[53].

Originariamente, la soberanía se radicaba en cabeza de ese ente denominado Nación, sin que necesariamente se hiciera referencia a una delimitación geográfica. Citando a Parejo Alfonso, el profesor Malagón manifiesta que

> En segundo lugar, encontramos el principio de soberanía nacional, entendida como la "traslación de la soberanía (en definitiva del poder) desde el Príncipe (principio monárquico del absolutismo) a la nación, entendida como distinta de los individuos que la componen y titular de dicha soberanía (poder) de forma originaria y ejercida -en virtud de delegación- por los órganos instituidos por la propia nación[54].

Sin embargo, la evolución misma del concepto generó un vínculo ineludible con el territorio. Ya en este momento vemos que se habla de Nación, en referencia al Estado, y uno de los elementos de ese concepto es sin duda el territorio, con lo que se limita la soberanía a un espacio determinado. En efecto,

> El territorio es el espacio geográfico en el cual se despliega la acción soberana. Permite saber hasta dónde puede llegar la acción del poder público. La noción de territorio implica la existencia de límites, de suerte que hasta hace poco (siglo XIV) resultaba un concepto impreciso; sólo a partir de los desarrollos recientes de la cartografía se conocen límites trazados con precisión matemática (...) es el bien sobre el cual recae su *imperium*, entendido como poder de mando, que es un poder de regulación y de ordenación de las relaciones entre los que en él habitan y de éstos con los bienes, que ha recibido también el nombre de soberanía territorial[55].

---

53 Richard T. Ford, "El territorio del derecho (una historia de la jurisdicción)", 139.

54 Miguel Malagón Pinzón, *Vivir en Policía. Una contralectura a los orígenes del derecho administrativo colombiano*, 21.

55 Camilo E. Velásquez Turbay, *Derecho Constitucional*, 2 ed., (Bogotá: Universidad Externado de Colombia, 2001), 73 y ss.

En esa misma línea, afirma Ford que "el territorio actúa como un medio del poder de gobierno y también como su objeto principal. El territorio es, en este sentido, un contenedor que guarda un conjunto de individuos y recursos, al igual que el derecho de propiedad pleno consiste en un conjunto de derechos"[56]. Para este autor, esta interacción entre territorio y poder es la que configura la jurisdicción:

> (...) lo cierto es que el surgimiento de la jurisdicción es el resultado de la coincidencia de dos innovaciones, una tecnológica —la ciencia de la cartografía— y otra normativa —la ideología del gobierno humanista y racional— (...) Por lo tanto, podemos hablar de la jurisdicción como una tecnología que fue "inventada" o "introducida" en un entorno social determinado y en un momento específico[57].

Se trata de una creación humana que deriva del deseo de dominio que se genera en nuestras mentes, lo cual resume de la siguiente manera: "La jurisdicción sintética es hija de nuestro deseo de dominar un mundo extraño, de nuestro deseo de orden, de racionalidad, de utilidad, de lo universal"[58].

Desde la doctrina constitucional colombiana, la percepción es la misma: "El territorio, sin lugar a dudas, representa un elemento esencial del Estado, en la medida que es el espacio geográfico sobre el cual ejerce soberanía y a su vez constituye la zona geográfica donde normalmente se asienta su población". En ese sentido, resulta imposible no encontrar una relación directa entre la presencia del Estado supeditada a la existencia de un territorio.

Varias han sido las teorías que han querido explicar la relación que existe entre el Estado y el territorio, cuyo objetivo no ha sido otro que determinar su naturaleza jurídica. De esta manera, podemos destacar en primer lugar la *teoría de la propiedad*, según la cual el territorio es considerado un objeto el cual es propiedad del Estado; en segundo lugar, la *teoría atributiva (sujeto)*, que postula que el territorio es considerado un atributo esencial del Estado, razón por la cual se afirma

---

56 Richard T. Ford, "El territorio del derecho (una historia de la jurisdicción)", 193.

57 Richard T. Ford, "El territorio del derecho (una historia de la jurisdicción)", 128-129.

58 Richard T. Ford, "El territorio del derecho (una historia de la jurisdicción)", 238.

una identidad de los dos conceptos, o lo que es lo mismo, se entiende al territorio como una especie de atributo de la personalidad estatal. Por último, la conocida *teoría de la competencia*, que considera al territorio del Estado como el límite espacial de las competencias estatales y el área geográfica de la aplicación de aquellas. Lo anterior supone entonces que la soberanía territorial de los Estados es limitada[59].

Esta base constitucional da pie a que el derecho administrativo tenga una misma concepción de la relación entre soberanía y territorio; "(…) el moderno derecho administrativo construye la teoría del administrado y la administración a partir de la centralidad de la persona —protagonismo originario—, como destinataria del buen quehacer estatal y su ineludible deber hacia ella"[60], lo que significa que, una vez más, se genera un vínculo inescindible con el Estado nación, el cual ejerce su actividad administrativa dentro de su territorio, situación ésta que sigue manifestando el problema de la vinculación del territorio a las manifestaciones de soberanía.

Si bien desde un punto de vista clásico se asocia la soberanía con el territorio, ¿qué ocurre al enfrentarnos con fenómenos en los que no existe aplicación de estos límites? Las fronteras son un fenómeno político tangible, mientras que los criptoactivos y el medio en que se realizan transacciones con los mismos, no lo son. Obedecen a una realidad distinta, dictada por el acceso a Internet o a la tecnología (para el caso de wallets físicas, discos duros, memorias flash o USB, etc.) En otras palabras, "la progresiva incorporación de la nueva tecnología electrónica —que, por su propia naturaleza, descentraliza—, hace obsoletas, cuando no inexistentes, las fronteras"[61].

Ahora bien, esta discusión no es novedosa, pese a que la tecnología antes mencionada sí lo sea. Desde hace varios años existe una

---

59 Wilfredo Robayo Galvis, "Elementos del Estado: el territorio", en *Lecciones de derecho constitucional*, Tomo I, Correa Henao, Magdalena, (Bogotá: Universidad Externado de Colombia, 2017), 137-138.

60 María José Campanelli Espíndola, "El derecho administrativo tradicional en el Estado posmoderno: globalización, buena administración y supranacionalidad (el caso OCDE-Colombia)", *Revista Digital de Derecho Administrativo*, n.° 21, 208. https://revistas.uexternado.edu.co/index.php/Deradm/article/view/5705/7534#info.

61 Miguel Ayuso, *¿Ocaso o eclipse del Estado?*, 44.

discusión en torno a la forma en que el fenómeno de la globalización ha venido desdibujando ciertas instituciones que se consideraban inmodificables dado su carácter fundacional, siendo una de ellas la soberanía y su ligazón ineludible al concepto de territorio.

Como lo expresa Chevallier, "el derecho administrativo entró en crisis allí donde, como en Francia, había prosperado. Esta crisis es obviamente indisociable de las transformaciones más generales que afectan a la sociedad y al Estado[62] en la edad de la posmodernidad: la modulación de los mecanismos de producción y de contenido de las normas consecutivas a la mundialización no puede dejar de afectar la estructura de un derecho concebido en un marco nacional; el repliegue del Estado de la esfera de las actividades económicas implica una ampliación del ámbito de aplicación del derecho privado; las nuevas expectativas de los individuos cada vez más exigentes y reivindicativos promueven el cuestionamiento de los privilegios administrativos. Asistimos a un "reajuste del ordenamiento jurídico en torno del derecho privado"[63], concebido como el único "verdadero derecho", el "derecho de referencia", tras el cual el derecho administrativo debe alinearse"[64].

La internacionalización, en lo que a derecho corresponde, consiste en

> todos aquellos fenómenos de carácter administrativo que sobrepasan las fronteras de los espacios administrativos nacionales, tanto si proceden de los mismos como si han sido concebidos desde un primer momento sin consideración de tales fronteras. Dicha internacionalización se caracteriza, así, por una pérdida de territorialidad. Si se tiene en cuenta que el principio de territorialidad ha sido siempre uno de los 'axiomas' clásicos del Derecho administrativo, resulta evidente que la internacionalización supone un reto de gran importancia[65].

En línea con lo anterior, "esta forma de ver la globalización permite comprender la verdadera significación que ella está engendrando

---

62 Auby, 2001.

63 Caillosse, 1989.

64 Jacques Chevallier, *El Estado posmoderno*, 129.

65 Eberhard Schmidt-Assmann, "La ciencia del derecho administrativo ante el reto de la internacionalización de las relaciones administrativas", *Revista de Administración Pública*, 171, 2006, 7-34 citado por Samuel Baena Carrillo, "El derecho administrativo más allá de sus fronteras epistemológicas", 73.

y sugiere un decaimiento del Estado nación y una desnacionalización del Estado, al generarse una dinámica de desterritorialización de la producción. Al Estado se le viene arrancando un componente básico de su materialidad: la categoría de soberanía"[66]. Ya se mencionaba con anterioridad que, dentro de un esquema normativo moderno, y dando aplicación a principios de eficiencia y eficacia, son muchos los espacios en que el Estado cede sus prerrogativas regulatorias en lo que a ciertos temas se refiere, de forma tal que se adoptan esquemas establecidos por fuera de las fronteras estatales, sin importar si su procedencia es de orden público o privado.

Este fenómeno, que surge después de la Segunda Guerra Mundial, irradia todas las esferas humanas desde lo político y social, pasando por lo económico. Se trata de una nueva concepción del desarrollo desde una visión "global". Al respecto, Ospina escribe lo siguiente:

> Para rematar esta presentación sobre el sentido y alcance del concepto de desarrollo que nace al final de la posguerra de 1945, al calor del proceso de descolonización del tercer mundo y del impulso del Banco Mundial inspirado en lo establecido en los Acuerdos de Bretton Woods, es pertinente presentar el sentido de la globalización en curso que moldea y condiciona las tareas del desarrollo en estos tiempos. Luis Jorge Garay (*Globalización y crisis*) plantea que es en esencia un proceso profundo y fundamental que consiste en la formación de una "sociedad global". Implica una tendencia a la emergencia de nuevas geografías económicas y políticas, consecuente con la territorialización y reterritorialización de la vida económica y política, con el desarrollo de novedosas estrategias de organización del proceso de trabajo, la transnacionalización de diversas categorías del capital y la creciente complejización de las relaciones entre lo global y lo local, que subraya la importancia determinante del espacio en las dinámicas del trabajo, del capital, de las empresas, de las comunidades y de las sociedades en general[67].

Con base en esos supuestos, Chevallier, citando a Cooper, presenta tres tipos de Estado:

> los Estados "premodernos" (tales como Afganistán, Somalia, Liberia y de forma general la mayoría de estados africanos), demasiado débiles para presentar todos los atributos de auténticos estados; los estados "modernos" (India, China, Brasil...), aferrados a la concepción tradicional de Estado, poseedor del

---

66 Manuel Alberto Restrepo Medina *et al.*, *Globalización del derecho administrativo colombiano*, 21.

67 Juan Manuel Ospina, *Economía para no economistas. Un relato de la formación del pensamiento económico*, 435-436.

monopolio de la fuerza; y los estados "posmodernos", en los cuales la soberanía tiende a dejar su lugar a una nueva lógica de interdependencia y cooperación, borrando la separación entre asuntos exteriores y asuntos interiores[68].

Así las cosas,

> en lo nacional se superó que las únicas fuentes fueran las del Estado bajo su soberanía y voluntad, para seguir hacia una posmodernidad multinivel en el análisis de fuentes de derecho en el contexto global. Por ende, es hora de replantearse conceptos fundamentales como el de autoridad, legitimidad y coerción, para constatar que, en un contexto de globalización del derecho, no se gobierna únicamente mediante los instrumentos tradicionales, sino también —y con frecuencia— por medio de otros mecanismos de coerción no jurídica, que parecieran más efectivos que los primeros[69].

Es claro que "aunque el Estado sigue siendo un referente irremplazable, sin el que el derecho internacional y la propia globalización no podrían existir ni desarrollarse, hoy el Estado no posee el control de antaño sobre las acciones realizadas en su territorio, las fronteras se difuminan cuando actores no estatales tienen la posibilidad de comunicarse y actuar en marcos supraestatales o aterritoriales"[70]. Por lo tanto, "a la vista de estas circunstancias, es manifiesto que la soberanía jurídica, entendida como aquel atributo estatal en virtud del cual solo el Estado soberano estaba en condiciones de expedir e imponer normas jurídicas dentro de su territorio, se encuentra en serios aprietos. La ruptura del monopolio estatal de producción normativa es ostensible"[71]. En conclusión,

> El Estado no es hoy ya lo que hasta hace poco fue: en el mundo globalizado emergente ha visto y ve progresivamente erosionada, junto con su atributo tradicional: la soberanía, su potencia de configuración efectiva de las condiciones de vida colectiva. La causa eficiente es, sin duda, la separación de la política y, por tanto, del gobierno representativo —enraizados aún, por

68 Jacques Chevallier, *El Estado posmoderno*, 28.

69 María José Campanelli Espíndola, "El derecho administrativo tradicional en el Estado posmoderno: globalización, buena administración y supranacionalidad (el caso OCDE–Colombia)", 214.

70 Rafael Rubio, "Los ciudadanos, ¿protagonistas de la globalización?", en *El Derecho en el contexto de la globalización,* editado por Gonzalo A. Ramírez Cleves, (Bogotá: Universidad Externado de Colombia, 2007), 269.

71 Héctor Santaella Quintero, "Las mutaciones del sistema de fuentes del derecho administrativo en Colombia", 149.

> su inercial territorialidad, en el plano de lo local— y del poder efectivo o real —habitante ya del espacio global—[72].

El fenómeno de la globalización cambió la lógica fundacional de legitimación de la soberanía, pues la desligó de su componente territorial, toda vez que el escenario mundializado funciona con otra lógica, que no necesariamente es ajena al consenso. Queda claro que hoy, gracias a la realidad política, económica y social que representa la globalización,

> Las fronteras, físicas y simbólicas, que delimitaban la esfera de influencia, la superficie del imperio del Estado, se volvieron porosas: los estados son atravesados por flujos de todo tipo, cuyos alcances son incapaces de controlar, de canalizar y si es preciso de encauzar; al renunciar al control de las variables esenciales que dirigen el desarrollo económico y social, su capacidad de regulación se vuelve al mismo tiempo aleatoria[73].

Por ello es por lo que deben adaptarse las instituciones a una realidad distinta que, si bien se planteó con base en la globalización, hoy aplica en torno a las tecnologías como los criptoactivos y el internet, que funcionan bajo parámetros muy distintos a los tradicionales, o por lo menos a aquellos para los cuales fueron diseñados algunas normas que siguen vigentes, pese a su obsolescencia. En definitiva,

> En primer lugar se comprueba que el fenómeno de la globalización tiene efectos directos en los elementos conformadores del Estado constitucional: territorio, soberanía y pueblo. El espacio estatal se hace insuficiente como marco de actuación del derecho ante el desmonte de fronteras y el menoscabo del concepto clásico de *soberanía territorial estatal,* especialmente con la conformación de bloques económicos y políticos supranacionales como la Unión Europea. Igualmente dentro del elemento *territorio* se establece un nuevo marco espacial inédito en un sistema de redes que se entrecruzan y que transforman los posicionamientos geográficos tradicionales en espacios digitalizados y virtuales. La "sociedad en red" proporciona un nuevo marco de relacionamiento en espacios dispersos y difusos sin una territorialidad específica. Así mismo el concepto de *soberanía jurídica* como aquel en que la entidad estatal es la única instancia capaz de expedir e imponer normas dentro de su territorio, se restringe con el llamado "pluralismo normativo" en donde se establecen

---

72 Luciano Parejo Alfonso, "Algunas reflexiones sobre la evolución y situación actual del sistema de fuentes del derecho", 125.

73 Jacques Chevallier, *El Estado posmoderno*, 47.

> sistemas de derecho complejos: regionales, internacionales, privados que se imponen muchas veces a la autoridad suprema de carácter estatal[74].

No obstante, existen algunos críticos de esta lectura. Para Massey, por ejemplo, la imaginación geográfica según la cual el espacio global es abierto, o que con la globalización las fronteras se caen y, por ende, vivimos en un mundo sin fronteras debe ser desterrada de todas las disciplinas, pues no tienen asidero ni en la geografía[75].

Lo anterior repercute en que las instituciones tradicionales tambaleen y por lo tanto sea necesario reforzarlas de alguna manera, pues la clásica soberanía no se ajusta a la realidad. La soberanía como la conocíamos ya no lo es más: "Esta forma de ver la globalización permite comprender la verdadera significación que ella está engendrando y sugiere un decaimiento del Estado nación y una desnacionalización del Estado, al generarse una dinámica de desterritorialización de la producción. Al Estado se le viene arrancando un componente básico de su materialidad: la categoría de la soberanía"[76].

De hecho, para algunos autores,

> No se podría sobrestimar sin embargo el grado de integración de un orden internacional que permanece marcado por la *heterogeneidad*. Para Hardt y Negri, la soberanía habría tomado en la sociedad contemporánea una nueva forma, "compuesta de una serie de organismos nacionales y supranacionales unidos bajo la única lógica de gobierno" y que cubre progresivamente "el espacio del mundo entero"; este nuevo "imperio" estaría formado según una estructura piramidal de varios niveles: del piso superior de la autoridad mundial unificada, hasta los grupos que representan al "pueblo mundial", pasando por los estados-nación, que no serían más que "los filtros del flujo de la circulación mundial y los reguladores de la articulación de la autoridad mundial"; así, el "poder del imperio" funcionaría "a todos los niveles del orden social, descendiendo hasta las profundidades del mundo social". Esta tesis sobrestima, sin embargo, el grado de integración de la sociedad internacional y tiende a minimizar las contradicciones que lo atraviesan[77].

---

74 Édgar Cortés, "Fluidez y certeza del derecho. ¿Hacia un sistema abierto de fuentes?", 202.

75 Vid. Doreen Massey, "Geography on the Agenda", *Progress in Human Geography*, 25, n.° 1, 2001, 5-17.

76 Manuel Alberto Restrepo Medina *et al.*, *Globalización del derecho administrativo colombiano*, 21.

77 Jacques Chevallier, *El Estado posmoderno*, 71.

Esta apertura de fuentes, que la doctrina entiende como una modificación (o incluso pérdida) de soberanía, se puede explicar de la siguiente manera: "la soberanía jurídica del Estado se encuentra menoscabada por diversas regulaciones que se imponen de forma imperceptible. El llamado *soft law*, la *lex mercatoria*, las imposiciones de los organismos financieros internacionales e incluso los mecanismos de "justicia paralelos al Estado" son manifestaciones de este nuevo derecho *extra costitution*"[78]. Las nuevas realidades, en las que confluyen elementos que obligan a una especialización de la administración, como son los avances tecnológicos en distintos ámbitos o, como ya se ha demostrado, que generan situaciones en las que incluso se cede la clásica soberanía, demuestran que "de ahora en adelante, enmarcado en un juego complejo y pluridimensional de interacciones, el Estado no dispone más de la potencia suprema, de la autoridad sin división que eran sus presupuestos"[79].

Hay diversas formas en que se podría abordar esta problemática, como se explicará en la parte III del presente documento, pero puede anticiparse que son muchos los estados que han generado marcos jurídicos de orden extraterritorial para ciertos asuntos, por considerarlos de absoluta relevancia, extendiendo virtualmente el alcance de la soberanía.

Como ejemplo de problemas de aplicación de la ley en el espacio, como los que puede generar alguna controversia que se suscite alguna transacción que se realice con criptoactivos en Internet, consideramos pertinente traer a colación una anotación que al respecto hace el profesor Zárate al respecto desde una perspectiva del derecho de la competencia:

> El ámbito espacial de aplicación de la Ley se amplía con el art. 2 de la Ley 1340 de 2009, pues con independencia de cuál sea la relación entre los investigados y de dónde se lleve a cabo la operación de integración o el comportamiento anticompetitivo, si los efectos se dan en los mercados nacionales, será competente la SIC y les serán aplicables las disposiciones colombianas. Para Emilio Archila, es novedosa esta norma toda vez que se habla de todo efecto y no se distingue entre efectos principales y secundarios. Además, el término "mercado nacional" no necesariamente coincide con el territorio colombiano.

---

78 Édgar Cortés, "Fluidez y certeza del derecho. ¿Hacia un sistema abierto de fuentes?", 213-214.

79 Jacques Chevallier, *El Estado posmoderno*, 57.

> Hay mercados nacionales que pueden no cubrir todo el territorio colombiano, al tiempo que otros pueden cubrirlo junto con parte de territorio foráneo[80].

Lo anterior no es ajeno en otras latitudes, pues

> También se contempla en la legislación de muchos Estados un principio de extraterritorialidad en la aplicación de la ley, principalmente en las áreas del derecho penal y de familia, fundado en «la necesidad de preservar la soberanía económica, política y jurídica contra los ataques a bienes esenciales como son la paz, la dignidad nacional, el crédito, la salud y la administración del Estado»[81][82].

Así las cosas, queda claro que el concepto clásico de soberanía y su relación con el territorio no tiene cabida en un mundo globalizado, y mucho menos frente a fenómenos que discurren en espacios que no obedecen a las leyes físicas y políticas de la humanidad. Por lo anterior, habrán de generarse las modificaciones pertinentes para efectos de que el ejercicio de actividades de supervisión, como manifestación clara de la soberanía de un Estado, puedan ejercerse de la mejor manera, atendiendo los principios de eficiencia y eficacia que deben regir toda actuación administrativa.

III. ¿QUÉ TIPO DE SUPERVISIÓN SE VA A EJERCER?

En apartes anteriores se hizo referencia a las actividades que componen el ejercicio de supervisión, a saber, vigilancia, inspección y control. Adicionalmente, se trató el concepto de prevención, en el sentido de ser una filosofía que informa actividades que, aunque no necesariamente forman parte de la supervisión, sí influyen hondamente en ella, al reducir la necesidad de intervención desde esa perspectiva.

De los proyectos de ley que han sido presentados en el país, entendemos que el enfoque es clásico en términos de establecer un modelo de *Command and control*, coercitivo y correctivo cuando se

---

80 Aníbal Zárate, "La protección constitucional de la rivalidad en el mercado como interés de las actuaciones administrativas en materia económica", 646.

81 (Cita original) Luis Carlos Pérez. *Derecho Penal*, (Bogotá: Temis, 1982), 93. Artículo 15 C. Penal colombiano.

82 Camilo E. Velásquez Turbay, *Derecho Constitucional*, 2 ed., (Bogotá: Universidad Externado de Colombia, 2001), 73 y ss.

vulneren las disposiciones relativas al intercambio de criptoactivos en plataformas. No obstante, también se incluyen medidas que se desprenden de la definición de "vigilancia" que se ha adoptado en este documento, pues se incluyen obligaciones de entrega de información y de registro que permiten establecer, en alguna medida, el universo de agentes en el mercado de criptoactivos.

Ahora bien, ¿es este el tipo de supervisión que probaría ser la más eficiente y eficaz en esta materia? Ya en otros apartes se ha hecho referencia a la problemática que se genera cuando existe una intervención excesiva del Estado respecto de alguna actividad o mercado, pues normalmente desincentiva a sus desarrolladores a seguirla ejerciendo. Si a eso le sumamos que a la fecha han fracasado cuatro (4) intentos de regulación de este mercado, es probable que el enfoque que se está adoptando tal vez no sea el adecuado.

En este trabajo no adoptamos una posición completamente libertaria, pues somos conscientes de los abusos que ya se han generado mediante la utilización de esta tecnología, pero también lo somos de la necesidad de promover esquemas de innovación en pro de los usuarios de servicios de este tipo. Por ello, consideramos que, al encontrarnos en una fase incipiente de la penetración de esta tecnología en el país y de los distintos usos que puede dársele, se busque la manera de adelantar actividades de "vigilancia", que no de "inspección" y "control", pues todavía no se terminan de entender propiamente el funcionamiento y usos que tiene y que pueden desarrollarse.

Es fundamental que se defina el enfoque que quiere darse al ejercicio de supervisión, pues el espectro es bastante amplio y las consecuencias derivadas de ubicarse en cualquier punto de este son prácticamente infinitas, aunque oscilan entre dos puntos críticos: la innovación o falta de ella. Entre más se complejice el ejercicio de las actividades que pueden realizarse con criptoactivos, se impongan más controles y por supuesto se castiguen ciertos comportamientos, será muy difícil que se siga haciendo uso de esta tecnología y por lo tanto estará condenada a desaparecer.

Se sugiere su adopción y el ejercicio de actividades de vigilancia, como ya se mencionó, para efectos de empezar a generar la confianza necesaria para que la figura de los criptoactivos tome la fuerza y relevancia necesarias que permitan generar nuevas formas de creación de riqueza y, por ende, de bienestar para la sociedad.

Si a lo anterior se acompaña de campañas informativas y de apropiación, es bastante probable que la meta se logre antes de lo esperado, y que posiblemente el tema adopte una relevancia tal que permita generar debates informados entre mayor cantidad de agentes interesados, para que eventualmente sea posible adoptar una normatividad bien estructurada y acorde con las realidades y necesidades del país.

IV. ¿QUIÉN VA A EJERCER LA SUPERVISIÓN EN COLOMBIA?

Uno de los puntos fundamentales que debe establecerse, por lo menos a nivel interno, es quién será la entidad encargada de ejercer las funciones de supervisión. En la parte III de este documento se presentan distintas opciones desde ópticas diferentes, pero para efectos del presente aparte la discusión versará sobre la entidad supervisora a nivel doméstico, esto es, en Colombia.

Lo anterior, por cuanto en los distintos proyectos de ley que han querido tramitarse en el Congreso de la República, que como ya se ha dicho, ha sido de los pocos intentos regulatorios que existen en el país sobre la materia, se ha decidido que las actividades de supervisión deben quedar en cabeza del Ministerio de Tecnologías de la Información y las Comunicaciones —MinTIC—, sin justificación alguna.

En primer lugar, consideramos apropiado hacer una lista de los interesados en la materia, para con base en ella empezar a establecer competencias y posibilidades de intervención. Así las cosas, los *stakeholders* que identificamos frente al tema de criptoactivos son los siguientes:

- Superintendencia Financiera de Colombia
- Superintendencia de Sociedades
- Superintendencia de Industria y Comercio
- Ministerio de Tecnologías de la Información y las Comunicaciones
- Ministerio de Hacienda y Crédito Público
- Unidad de Regulación Financiera

- Unidad de Información y Análisis Financiero
- Consejo Técnico de la Contaduría Pública
- Banco de la República
- Dirección de Impuestos y Aduanas Nacionales
- Entidades financieras
- Plataformas de intercambio de criptoactivos
- Usuarios de criptoactivos
- Academia

Una vez realizada la lista, es preciso determinar, desde el punto de vista funcional, si existen las competencias necesarias establecidas en la ley y la Constitución, para efectos de ejercer funciones de vigilancia.

Para el caso de las entidades financieras, las plataformas de intercambio de criptoactivos, los usuarios de criptoactivos y la academia, al tratarse en su mayoría de actores que no forman parte del sector público, no serán tenidos en cuenta en el presente ejercicio, sin perjuicio de que puedan ser invitados a los espacios de discusión que eventualmente se generen, pues sus aportes son fundamentales para mejorar el ecosistema cripto. Adicionalmente, la opción de autorregulación, que sería la que les permite a ellos asumir este tipo de facultades, se desarrolla en la parte III de este documento. Hecha la anterior aclaración, consideramos que debemos iniciar por las Superintendencias, pues son ellas las que, en principio, ejercen facultades de supervisión. La Superintendencia Financiera de Colombia

> tiene entre sus potestades mantener la integridad, la eficiencia y la transparencia del mercado de valores y demás activos financieros. Así mismo, velar por el respeto a los derechos de los consumidores financieros y la debida prestación del servicio (...) tiene objetivos estratégicos que le permiten ejecutar sus funciones en pro de la preservación de la estabilidad, seguridad y confianza, así como la promoción, organización y desarrollo del mercado de valores colombiano y la protección de los inversionistas, ahorradores y asegurados[83].

---

[83] Luis Ángel Hernández, *Superintendencia Financiera de Colombia: legislación, entidades supervisadas y protección.* https://www.rankia.co/blog/analisis-colcap/3556208-superintendencia-financiera-colombia-legislacion-entidades-supervisadas-proteccion

En cuanto a sus funciones específicas de ley en torno a la supervisión[84], vemos que están circunscritas a la prestación del servicio financiero y normatividad cambiaria, aunque también incluyen las de "prevenir situaciones que puedan derivar en la pérdida de confianza del público, protegiendo el interés general y, particularmente, el de terceros de buena fe" y "adoptar políticas de inspección y vigilancia dirigidas a permitir que las instituciones vigiladas puedan adaptar su actividad a la evolución de las sanas prácticas y desarrollos tecnológicos que aseguren un desarrollo adecuado de las mismas".

Estas dos funciones amplían el panorama en relación con los criptoactivos, por cuanto (i) se justifica una intervención para prevenir la pérdida de confianza del público y la protección del interés general, situaciones que se presentan cuando se realizan fraudes mediante la utilización de criptoactivos (y así se establece en la exposición de motivos de los proyectos de ley que han cursado trámite en el Congreso de la República); y (ii) existen operaciones con criptoactivos que son realizadas por entidades financieras vigiladas por la SFC (como se pudo establecer con la arenera regulatoria).

Por los anteriores motivos, podría justificarse el ejercicio de facultades de supervisión en cabeza de la SFC, pese a que esa posibilidad no ha sido planteada en ninguno de los proyectos de ley presentados en el Congreso. Ahora bien, es evidente que no existe una facultad expresa para supervisar criptoactivos por parte de esta Superintendencia, aunque sí algunas operaciones que con ellos se realicen, ya sea porque las llevan a cabo sus vigilados, o porque se busca la protección del interés general, fórmula demasiado amplia que en este caso riñe con el principio de legalidad.

La Superintendencia de Sociedades, por su parte, tiene como funciones la supervisión de las sociedades mercantiles, sucursales de sociedades extranjeras y comerciantes registrados en nuestro país, y el cumplimiento de su parte de la normatividad vigente en materia jurídica, contable, económica o administrativa.

Podría pensarse que los criptoactivos y las operaciones que con ellos pueden realizarse se encuentran por fuera de su rango de acción, pero también es deber de la Supersociedades

84 Art. 325 del Estatuto Orgánico del Sistema Financiero.

> Instruir, en la forma que lo determine, a entidades sujetas a su supervisión sobre las medidas que deben adoptar para promover la transparencia y ética empresarial en sus prácticas de negocios para contar con mecanismos internos de prevención de actos de corrupción, al igual que mecanismos de gestión para la prevención del riesgo de lavado de activos y del financiamiento del terrorismo, y de financiamiento de la proliferación de armas de destrucción masiva por parte de sus supervisados.

En el entendido que los criptoactivos pueden utilizarse para actividades de lavado de activos y financiamiento del terrorismo (su difícil trazabilidad los hace una herramienta muy apetecida para estos fines), se activa esta competencia de la Supersociedades para ejercer algún tipo de supervisión sobre criptoactivos. Adicionalmente, teniendo en cuenta que los criptoactivos pueden ser utilizados como aportes en especie al capital de las sociedades mercantiles en el país[85], es claro que esta entidad tendría que pronunciarse respecto de esta forma de utilización de la figura y supervisar que su uso respete las directrices que en ese sentido expida.

Por otro lado, las funciones de la Superintendencia de Industria y Comercio tienen que ver con varias actividades, a saber: propiedad industrial, control y verificación de reglamentos técnicos y metrología legal, asuntos jurisdiccionales, protección de datos personales, protección de la competencia y protección al consumidor.

Para el caso de criptoactivos, consideramos que las actividades que podrían guardar alguna relación con aquellos serían las de protección de datos personales, protección al consumidor y eventualmente asuntos jurisdiccionales.

En cuanto a protección de datos personales, deberían revisar que las plataformas de intercambio de criptoactivos cuenten con una política de protección de datos personales que se ajuste a la normativi-

---

85 La Superintendencia de Sociedades ha adoptado diversas posiciones al respecto, pues en un principio manifestó que no era permitido el aporte de criptoactivos al capital de una sociedad por no estar autorizado su uso en Colombia (Oficio 220-196196 de 30 de septiembre de 2020), para después establecer que esto sí era posible sólo si se cumple con el criterio de reconocimiento de inventarios, con la regulación de los aportes en especie y siempre que los asociados aprueben el avalúo conforme a las normas establecidas. Oficio 100-237890 de 14 de diciembre de 2020.

dad vigente, y eventualmente requerir la colaboración de entidades internacionales o extranjeras cuando se afecten los derechos de los Titulares fuera del territorio colombiano con ocasión, entre otras, de la recolección internacional de datos personales.

En cuanto a protección al consumidor, si se considera que las plataformas de intercambio de criptoactivos prestan un servicio considerado a la luz de la Ley 1480 de 2011 (Estatuto del Consumidor) como un "producto" del cual son consumidores quienes utilizan dichas plataformas, podría aplicarse esta norma a esa actividad, lo que finalmente activaría las funciones jurisdiccionales, pues sería esta Delegatura de la Superintendencia de Industria y Comercio la llamada a sustanciar y adelantar los procesos derivados de la aplicación de dicho cuerpo normativo.

Analizando las funciones del MinTIC, como ya se había mencionado en la Parte I del presente documento, encontramos que la de supervisión se encuentra establecida en la Ley 1341 de 2009 en los siguientes términos: "Ejercer las funciones de inspección, vigilancia y control en el sector de Tecnologías de la Información y las Comunicaciones, conforme con la Ley".

Esto, por supuesto, es de una amplitud exacerbada, pues toda ley que se promulgue en la que se califique una actividad como parte del sector de las TIC quedará bajo la supervisión del MinTIC. Y es justamente esta la única razón por la cual los proyectos de ley que se han tramitado en el Congreso de la República determinan que la supervisión de criptoactivos (o de la actividad de intercambio a través de plataformas, para ser más exactos) debe ser ejercida por el MinTIC, sin un argumento técnico o siquiera funcional que soporte esa decisión. No existe justificación alguna (orgánica, funcional, técnica o de conveniencia siquiera) para que sea este Ministerio quien deba asumir la supervisión de criptoactivos, salvo porque se admita que este tipo de activos forma parte del sector de las TIC, y por lo tanto también lo harán las actividades u operaciones que con ellos se realicen.

En tratándose del Ministerio de Hacienda y Crédito Público, el panorama no es nada alentador. En primer lugar, no tiene ninguna función de supervisión, como sí ocurre con el MinTIC, lo cual en principio sería argumento suficiente para determinar que no le es posible ejercer ese tipo de actividad. Pero, en gracia de discusión, incluso si pudiera ejercer funciones de supervisión, las mismas estarían encaminadas a la protección, estudio, armonización y gestión de las finanzas públicas. Dado que, a la fecha, no existe una actividad que relacione las finanzas públicas con criptoactivos, se descarta de momento la posibilidad de una intervención regulatoria y/o ejercicio de supervisión por parte de esta entidad.

En cuanto a la Unidad de Regulación Financiera —URF—, teniendo en cuenta que tiene competencias de regulación e intervención en las actividades financiera, bursátil, aseguradora y cualquiera otra relacionada con el manejo, aprovechamiento e inversión de los recursos captados del público, tendría la posibilidad de inmiscuirse en la regulación de criptoactivos, siempre que se utilicen con las finalidades antes enunciadas —es decir, casi siempre—. Si no lo hiciese directamente, por esa indefinición e indeterminación que existe actualmente en la materia, por lo menos sí está justificada su intervención en cuanto a estudio y elaboración de comentarios y recomendaciones en la manera en que debe adelantarse la regulación o reglamentación de la figura.

Siguiendo la línea de supervisión de actividades con criptoactivos, dado que estos pueden ser —y han sido— utilizados para el Lavado de Activos, la Financiación del Terrorismo y la Financiación de la Proliferación de Armas de Destrucción Masiva, es posible que en su regulación o reglamentación también juegue un papel importante la Unidad de Información y Análisis Financiero —UIAF—, pues es el ente encargado de luchar contra el delito de lavado de activos. Por ende, podría hacer recomendaciones y expedir directrices respecto de la forma en que puede prevenirse que el uso de criptoactivos se haga con las finalidades criminales ya descritas.

También encontramos el Consejo Técnico de Contaduría Pública, que es un organismo permanente, encargado de la orientación técnica-científica de la profesión y de la investigación de los principios de contabilidad y normas de auditoría de aceptación general en el país. Este ente está facultado para pronunciarse respecto de normas que pueden definir la forma en que deben ser tratados los criptoactivos contablemente (normalización técnica), y por lo tanto su aporte al debate es de la más alta relevancia.

Pasando al Banco de la República, encontramos que su función principal es la de ser la autoridad monetaria, cambiaria y crediticia del país, por lo cual "le corresponde estudiar y adoptar las medidas monetarias, crediticias y cambiarias para regular la circulación monetaria y en general la liquidez del mercado financiero y el normal funcionamiento de los pagos internos y externos de la economía, velando por la estabilidad de la moneda"[86]. En ejercicio de esta función, el Banco de la República se ha pronunciado en varias ocasiones manifestando que los criptoactivos (antes criptomonedas) no son moneda de curso legal, y por tanto no pueden asimilarse al peso colombiano.

Adicionalmente, tiene otras funciones como por ejemplo la de contribución a la generación de conocimiento, de la cual ha surgido un importante trabajo investigativo en materia de criptoactivos[87].

Al igual que con el Ministerio de Hacienda, esta entidad no podría ejercer funciones de supervisión respecto de criptoactivos, pues carece de la facultad legal para ello, aunque sus pronunciamientos y algunas decisiones que adoptan si guardan relación con ese tipo de activo y las operaciones que se pueden realizar con ellos. Atendiendo al concepto de prevención que se ha venido desarrollando en este documento, la actividad del Banco de la República podría enmarcarse dentro de ese tipo de conductas preventivas, que no necesariamente llegarían a ser supervisión como tal, pero que sí justifican su intervención en las discusiones que se adelanten respecto de la figura y su eventual regulación (como se ha venido haciendo hasta el momento).

Por último, la Dirección de Impuestos y Aduanas Nacionales tiene funciones de recaudo de impuestos, supervisión del cumplimiento del régimen cambiario, administración de impuestos, sistemas aduaneros, sistemas especiales y juegos de azar. Podría decirse que, en principio, sus facultades no serían suficientes para hacer supervisión de criptoactivos. Sin embargo, en el entendido que una de sus funciones versa sobre la administración y recaudo de impuestos, y que las operaciones celebradas con criptoactivos generan impuestos, se habilita la participación de esta entidad en el asunto que nos ocupa.

---

86 Banco de la República, *Proceso de toma de decisiones de política monetaria, cambiaria y crediticia.* https://www.banrep.gov.co/es/el-banco/junta-directiva/toma-decisiones.

87 Carlos Arango Arango *et al.*, *Criptoactivos*, (Bogotá: Banco de la República, 2018). https://www.banrep.gov.co/sites/default/files/publicaciones/archivos/documento-tecnico-criptomonedas.pdf

En efecto, con la expedición de la compilación de doctrina tributaria vigente que hizo la DIAN el 14 de octubre de 2022[88], es evidente que la DIAN se ha pronunciado respecto del tratamiento que deben tener los criptoactivos en materia tributaria y ello incide en la supervisión que de ellos se haga, o de las operaciones que con ellos se realicen. Ello, por cuanto un tratamiento de la figura o reporte de operación indebidos podría generar sanciones en cabeza de los infractores de las obligaciones tributarias.

Como queda demostrado, existen múltiples aspectos de los criptoactivos y las operaciones que con ellos pueden realizarse cuya supervisión podría ubicarse en cabeza de varias de las entidades antes mencionadas, lo cual no ayuda a esclarecer el panorama sobre quién debería ser el responsable del ejercicio de supervisión. Como ya se mencionó, los proyectos de ley que a la fecha han sido tramitados en el Congreso de la República mantienen la posición según la cual la supervisión de criptoactivos debe ser ejercida por el MinTIC, aunque no necesariamente sea esta la entidad más idónea para supervisar todos los frentes relativos a la figura.

Por lo anterior, y sin perjuicio de lo que pueda concluirse en la Parte III del siguiente documento, debe realizarse un inventario juicioso de las actividades que se considera deben ser supervisadas, y definir si las facultades para adelantar dicha supervisión van a seguir dispersas en cabeza de varias entidades, o si van a establecerse en cabeza de una sola, lo cual en principio debería hacerse mediante una ley de la República.

---

[88] Concepto 100192467-2847.

Parte III.

Herramientas de intervención

"No hay una única solución a los problemas centrales de la humanidad: cada solución crea una nueva situación generando nuevas necesidades, problemas y demandas".

Isaiah Berlin, La búsqueda de lo ideal, 1988

Partiendo de la premisa según la cual es necesario realizar alguna intervención respecto de los criptoactivos, y habiéndose establecido cuáles pueden ser las problemáticas que se presentan al intentar ejercer funciones de supervisión sobre ellos, se hace necesario presentar una serie de opciones que podrían servir para encontrar la solución más beneficiosa, o por lo menos equilibrada y proporcional, entre la protección del bien común y el desarrollo tecnológico. Es decir, aquella opción o combinación de ellas que se ajuste más al modelo de Estado que vaya a implementarla, al enfoque que este haya adoptado respecto de los criptoactivos y que sea lo más beneficiosa posible para los ciudadanos/usuarios/consumidores, sin que se vea afectada la evolución tecnológica que genere bienestar.

En este aparte se explicarán brevemente algunos de estos enfoques, que combinan un rango de acciones tanto del sector público como privado, con visiones de carácter local, regional o global, a saber: (i) Regulación en sentido estricto (*Command and Control*); (ii) Agencias de regulación; (iii) *Sandbox* regulatorio; (iv) Autorregulación; (v) Derecho administrativo global; y (vi) Laboratorios jurídicos. Vale la pena aclarar que los enfoques que se presentan a continuación no son necesariamente excluyentes, pues la solución más adecuada para determinado país podría lograrse combinando varias de las opciones presentadas.

I. REGULACIÓN EN SENTIDO ESTRICTO (COMMAND AND CONTROL)

Una de las opciones para que el Estado intervenga en la economía es la de la regulación en sentido estricto, esto es, "la promulgación de un conjunto de normas vinculantes acompañadas de ciertos mecanismos, normalmente una agencia pública, para monitorear y asegurar su cumplimiento"[1]. Esta connotación es compartida por la jurisprudencia del Consejo de Estado, que al respecto se ha pronunciado de la siguiente manera:

> El vocablo "regulación" suele ser utilizado en el lenguaje cotidiano como sinónimo de "legislación", "reglamentación" o "normatividad", tendencia que se explica por el hecho de que esa es precisamente una de las acepciones más difundidas en nuestro lenguaje cotidiano, sin ser desde luego la única. En efecto, según lo enseña el diccionario de la Real Academia de la Lengua, la palabra "regulación" evoca en términos generales la acción y el efecto de "regular", expresión que según su sentido más usual significa "determinar las reglas o normas a que debe ajustarse alguien o algo". Podría afirmarse entonces, en sentido lato, esto es, haciendo referencia abstracta a los distintos ámbitos de la acción estatal, que la acción de "regular" comprende y describe todos los procesos de elaboración o producción de normas jurídicas encaminadas a ordenar la vida en comunidad, mediante la definición de las reglas a las cuales han de someterse los sujetos tanto públicos como privados en el contexto de sus relaciones mutuas y en el ámbito de su actividad personal o institucional. Percibido desde esta perspectiva, el vocablo "regular" evoca en suma la idea de producción de normas jurídicas[2].

Esto se logra mediante dos acciones principales, desde un punto de vista clásico, que son (i) la creación de reglas y la forma en que se garantiza su cumplimiento, conocidas en la literatura anglosajona como *rule-making y enforcement* y el sistema se conoce con el nombre de *Command and Control.*

Ahora bien, estas normas no pueden provenir de un impulso regulador sin fundamento, pues como ya se explicó en otro aparte de este documento, toda intervención debe ser justificada y proporcional. Esto hace que el ejercicio regulatorio haya tenido una evolución

---

1 Mariano Carbajales, "Hacia una definición jurídica de regulación económica", *Revista Republicana*, n.° 26, 2019, 50-51.

2 Consejo De Estado, Sala De Lo Contencioso Administrativo, Sección Primera, sentencia de 30 de abril de 2009, rad. 11001032400020040012301, C. P. Rafael Ostau de Lafont Pianeta.

constante, hasta el punto en que hoy es posible hablar de pilares de mejora normativa como lo es el Análisis de Impacto Normativo – AIN. Recientemente ha entrado en auge una tendencia de "diseño inteligente" dentro de varias ciencias del conocimiento, y el derecho no es ajeno a ella, pues existe el denominado "Diseño legal" o "*Legal design*".

Según López Murcia, el *Legal Design* tiene cinco etapas: (i) Identificación (perspectivas y dolores de las partes impactadas); (ii) caracterización (del problema general al problema específico); (iii) ideación (plantear ideas más allá de los lugares comunes); (iv) prototipado (simular o prototipar regulación mínima viable); y (v) implementación (regulación de alta fidelidad) [3].

Este ejercicio sería el que debería adelantar la entidad que decidiera regular el sector de criptoactivos. Si observamos la situación que a la fecha se ha buscado regular vía ley de la república —con algunos devaneos dentro de un esquema de *sandbox* regulatorio en cabeza de la Superintendencia Financiera de Colombia—, las etapas podrían determinarse, de manera sucinta, así:

(i) Identificación (perspectivas y dolores de las partes impactadas): existen varios actores o *stakeholders* que se han visto impactados por la existencia de los criptoactivos. Por un lado, están los usuarios de criptoactivos, quienes no cuentan con un marco jurídico que los proteja en caso de estafas derivadas de operaciones con criptoactivos; encontramos también a las plataformas de intercambio de criptoactivos, que no cuentan con un soporte jurídico para su actividad, minando así la confianza de los posibles usuarios y, por lo tanto, impactando negativamente su actividad comercial; no puede dejarse de lado a las entidades financieras, que encuentran en los criptoactivos una competencia directa a su actividad, pues mediante esa tecnología se busca eliminar la participación de dichas entidades en el manejo de las finanzas de los usuarios; por último, encontramos las autoridades que por algún motivo han tenido que lidiar con la irrupción de los criptoactivos en sus respectivos sectores, que tampoco han podi-

---

3 Julián Daniel López Murcia, *Inteligencia regulatoria. Algunas herramientas para diseñar y analizar regulación*, (Bogotá: Legis y Universidad de la Sabana, 2022), 41.

do definir posiciones claras respecto de ellos, salvo por aquella según la cual no son moneda de curso legal, pues así no ha sido definido mediante una ley de la república.

(ii) Caracterización (del problema general al problema específico): el problema general radica en que nos encontramos frente a una tecnología que no hemos entendido del todo, pero que ya está siendo adoptada por algunas personas que no siempre han tenido una buena experiencia. El problema específico que se ha buscado abordar es el de la falta de regulación para las plataformas de intercambio de criptoactivos, de forma tal que se pueda dar alguna protección a los usuarios de esta tecnología.

(iii) Ideación (plantear ideas más allá de los lugares comunes): de acuerdo con lo que hasta el momento se ha propuesto en el país, esto es, algunos proyectos de ley (casi idénticos, y en todo caso con la misma finalidad) y una arenera (o *sandbox* regulatorio), podría decirse que no se ha desarrollado del todo el ejercicio de ir más allá de los lugares comunes. Ello no con ánimo de criticar los avances hechos hasta el momento, pues en un país con un fetiche legalista-positivista como el nuestro esto puede considerarse un gran avance. Sin embargo, tal vez no se han analizado perspectivas desde instancias distintas a la estrictamente normativa, o plantear intervenciones de otro estilo, como las simplemente informativas o preventivas incluso, entre otras.

(iv) Prototipado (simular o prototipar regulación mínima viable): más allá de los proyectos normativos que se han debatido en el Congreso de la República, no existe un prototipo de norma que consideremos que aborda el entendimiento del concepto de criptoactivo y lo que con su aplicación podría lograrse. Por ello, las críticas siempre han sido desde el punto de vista de que el enfoque es demasiado reducido y no termina solucionando el problema abordado de manera íntegra.

(v) Implementación (regulación de alta fidelidad): en nuestro país sólo se ha podido implementar la arenera de la Superintendencia Financiera de Colombia, pero no una norma o regulación en estricto sentido, pues dicha arenera era un espacio creado para verificar la funcionalidad, pros y contras de las operaciones cash in y cash out. Debido a que no se ha logrado generar ese prototipo mínimo viable de que trata el numeral previo, es preciso afirmar que a la fecha no se ha podido avanzar hasta este punto.

Por otra parte, López Murcia también se refiere a los cinco principios de la regulación inteligente que, según Baldwin, son los siguientes: "(i) combinar instrumentos, (ii) aplicar la intervención estrictamente necesaria, (iii) organizar los mecanismos de modificación de comportamientos de forma escalonada, (iv) empoderar actores aptos para la posición de regulador y (v) maximizar las oportunidades para resultados gana/gana"[4].

Así concibe la legislación inteligente (*smart regulation*) el Grupo de Alto Nivel sobre Cargas Administrativas de la Unión Europea: "Siempre que exista la necesidad de regular, la legislación debe concebirse de forma que se alcancen los objetivos políticos de la manera más eficaz y con el menor coste posible para la sociedad, los ciudadanos y las empresas." Y en palabras de Auby y Perroud[5], la evaluación de impacto regulatorio (*regulatory impact assessment*) "supone en esencia una apuesta por la eficacia funcional del Derecho. (...) La evaluación de impacto invita a centrarse no en las propiedades formales del Derecho, sino en la manera en que éste funciona en el mundo real. Certidumbre, orden, redacción clara y coherencia sirven en tanto medios para un fin, no como fines en sí mismos"[6].

Para el caso colombiano, no existe *per se* una combinación de instrumentos, pues ha habido iniciativas independientes desde los roles de algunas entidades. Así, por ejemplo, encontramos la actividad legislativa con los cuatro proyectos de ley que se han venido mencionando, la arenera de la Superintendencia Financiera de Colombia, conceptos de

---

4 Julián Daniel López Murcia, *Inteligencia regulatoria. Algunas herramientas para diseñar y analizar regulación*, 79.

5 2013, 14.

6 Marcos Vaquer Caballería, *Auge y problemas de la metarregulación: la iniciativa legislativa y la potestad reglamentaria en la Ley de Procedimiento Administrativo Común*, (Madrid: Universidad Carlos III de Madrid). https://www.researchgate.net/publication/311576632_Auge_y_problemas_de_la_metarregulacion_la_iniciativa_legislativa_y_la_potestad_reglamentaria_en_la_Ley_de_Procedimiento_Administrativo_Comun_The_boom_and_problems_of_meta-regulation.

la DIAN y la Superintendencia de Sociedades, estudios del Banco de la República, entre otros, que versan sobre la materia, pero no tienen la virtualidad de combinarse. Son ejercicios individuales desde las competencias de cada entidad, sin que necesariamente se comparta una visión unívoca o se compartan criterios respecto de los fundamentos del concepto de criptoactivos o la tecnología misma. En lo que respecta a una intervención estrictamente necesaria, como ya se ha manifestado en otros apartes, no existe una línea clara en relación con la intensidad que debería tener la intervención, pues, en nuestra opinión, no se cuenta con información suficiente para determinar esa posición. Sin duda se ha evidenciado algún problema o dificultad, pero el análisis ha sido limitado a establecer una solución inmediatista y no sistémica, lo cual podría lograrse con más información y algo más de observación. Asimismo, en lo que respecta a la organización de mecanismos de forma escalonada, puede verse que, al no existir un lineamiento base o general distinto de aquel según el cual los criptoactivos no son moneda de curso legal, difícilmente existen criterios para escalafonar o establecer los mecanismos de intervención, pues como ya se dijo, cada intervención realizada hasta el momento ha sido independiente. Por último, en lo que tiene que ver con empoderamiento y maximización de oportunidades, es claro que debe darse un papel más relevante a los usuarios, para que sea a través de sus experiencias que se comprenda cómo funciona el ecosistema de estas tecnologías y se aborde desde la raíz cualquier problemática cuya solución, como ya se dijo, no necesariamente debe ser una intervención de alta intensidad.

También el autor, con base en la doctrina anglosajona, exalta la importancia de la selección de los tipos de reglas, pues no es lo mismo regular con principios generales que con normas específicas. Basado en trabajos de Tucker y Baldwin, establece tres tipos de estándares para crear las reglas: (i) de diseño: determina las características de los procesos que debe seguir el regulado en su actividad. ejemplo: procedimientos de seguridad y tecnología a utilizarse en plantas nucleares; (ii) de producto: se permite el uso de procesos y tecnologías, siempre que el regulado cuente con la información y capacidades técnicas para gestionar los riesgos que genera con su actividad. ejemplo: categorización de grupos de investigación midiendo cantidad de artículos publicados en revistas indexadas cantidad de capítulos en libros, etc.; y (iii) de resultado: se enfoca directamente en los resultados de la actividad del regulado. ejemplo: no mide cantidad de artículos publicados, sino si estos han sido útiles para el sector público o privado" [7].

Lo anterior incide en la intensidad que se defina para la intervención regulatoria, pues algunas de las reglas podrán ser más o menos invasivas dependiendo de si tendrían efectos respecto de los criptoactivos como tal, o simplemente sobre la forma en que estos son utilizados por los usuarios. Por último, el mismo autor presenta un ejemplo de pirámide de mecanismos regulatorios[8], a saber:

Figura 2.

Fuente: Elaboración propia, adaptado del trabajo de Aytes y Braithwaite (1992), Gunningham y Grabosky (1998) y Baldwin et al. (2012)

7 Julián Daniel López Murcia, *Inteligencia regulatoria. Algunas herramientas para diseñar y analizar regulación*, 65-66.

8 Julián Daniel López Murcia, *Inteligencia regulatoria. Algunas herramientas para diseñar y analizar regulación*, 81.

La anterior pirámide permite vislumbrar mecanismos regulatorios que pueden tener la misma finalidad, pero que manejan distintos niveles de intensidad:

(i) Si partimos de la base, encontramos que se trata de un mecanismo de comunicación general, que busca informar a cualquier sujeto respecto de cierto asunto. En este sentido, respecto de criptoactivos, vemos que en Colombia el Banco de la República y algunas otras entidades decidieron emitir sendas comunicaciones al público en general manifestando en su momento que las criptomonedas no eran moneda de curso legal y que toda operación que con ellas se realizase se haría bajo el propio riesgo de las partes involucradas en la transacción;

(ii) Continuando en orden ascendente con las comunicaciones individuales, se tiene que podrían incluirse aquí los pronunciamientos que distintas entidades hayan podido hacer de manera directa y particular sobre conductas de los usuarios o proveedores de servicios de plataforma de intercambios (sin conocer exactamente el contenido de dichas comunicaciones);

(iii) Si seguimos un nivel más arriba, encontramos las actividades que aumentan la familiaridad y claridad de la regulación. Pese a que dicha regulación es inexistente por el momento, podríamos referirnos al ejercicio de arenera o *sandbox* regulatorio adelantado por la Superintendencia Financiera de Colombia que ha servido para eliminar asimetrías de información y permitir tener un panorama más amplio del espectro de posibles acciones o actividades derivadas del uso de criptoactivos y sus consecuencias;

(iv) El siguiente nivel implica una intervención mucho más intensa, pues ya se trata de la posibilidad de sancionar ciertos comportamientos. Para ahondar en este punto se remite a la parte II.I. del presente documento, que trata sobre las problemáticas que puede presentar el principio de legalidad para este asunto en particular. Ahora bien, en lo que respecta a la realidad colombiana, todavía no se encuentra establecido un régimen sancionatorio para conductas reprochables sobre operaciones con criptoactivos.

(v) Por último, en cuanto a las noticias sobre las sanciones, que no es otra cosa que volver público el reproche que en su momento se hizo a un particular, dado que ni siquiera existe un régimen sancionatorio establecido, mucho menos se habrá pensado en utilizar este tipo de herramienta para regular los criptoactivos en Colombia.

En conclusión, optar por la opción de regular es tal vez el lugar más común al tratar de solucionar problemas o garantizar el adecuado manejo de nuevas tecnologías. Sin decir que este enfoque sea bueno o malo, lo cierto es que, de ser el escogido, lo ideal es que se realice de la mejor manera, siguiendo parámetros como los descritos anteriormente. No debe olvidarse que, "en todo caso, la regulación que por vía legal se haga deberá respetar el núcleo esencial de la libre competencia, lo cual supone una igualdad de condiciones y la ausencia de barreras no justificadas para el ejercicio de una actividad económica, y de la libertad de elección de los consumidores"[9].

Como punto final de este aparte merece hacer una especial mención a la figura de la metarregulación, o regulación reflexiva o autorreferencial, que es aquella que tiene por objeto la forma y el contenido de la propia regulación, y que ha surgido con ocasión de pretender mejorar el proceso regulatorio desde un punto de vista positivista, esto es, con más normas y reglas. Para el caso español, la academia ha manifestado que

> nuestra loable preocupación por la calidad de las normas nos ha llevado a emprender un camino que va de la teoría y la técnica legislativas (la *legisprudencia*) a la regulación de la regulación (la *metarregulación*). Para ello, hemos positivizado una doctrina jurídica foránea de una forma un tanto sesgada e indiscriminada para todas las iniciativas normativas, prescindiendo por ahora de algunas soluciones del Derecho comparado que pueden ser críticas para su éxito y han sido apuntadas más atrás, como por ejemplo la decisión organizativa de crear la oficina presidencial de información y asuntos regulatorios (OIRA) para la evaluación reglamentaria en EE.UU. o la constitucional de reservar a la ley orgánica y poner bajo el control del Consejo Constitucional la iniciativa legislativa en Francia, que invitan a pensar que en España todavía habría que dar algunos pasos más antes de poder concluir que el camino emprendido conduce derechamente a una mejora regulatoria sustancial y no a la melancolía[10].

---

9 Aníbal Zárate, "La protección constitucional de la rivalidad en el mercado como interés de las actuaciones administrativas en materia económica", 641.

10 Marcos Vaquer Caballería, *Auge y problemas de la metarregulación: la iniciativa legislativa y la potestad reglamentaria en la Ley de Procedimiento Administrativo*

Esta experiencia debe ser tenida en cuenta por el ente que decida realizar algún tipo de intervención regulatoria, ya sea desde la rama legislativa o ejecutiva, pues no podemos caer en situaciones ya conocidas como aquellas en las que se busca trasplantar instituciones o reglas que no necesariamente tendrían una aplicación pacífica y eficaz en nuestro país (con todo y que una de las opciones que se plantean es la de unas reglas de juego "globales" que puedan hacerse valer en cualquier lugar del mundo).

II. AGENCIAS DE REGULACIÓN

En adición a la posición de regulación clásica del estilo *Command and Control*, existe una un poco más desarrollada o específica, y es que ese ejercicio lo adelante un ente o agencia regulatoria especializada en la materia. Por ello, en este aparte se plantea la creación de una Agencia o Comisión Reguladora de Criptoactivos.

Esta idea surge con ocasión de la problemática ya desarrollada en el aparte II. IV. de este documento, en el que queda claro que en Colombia no existe una entidad que pueda ejercer las funciones de supervisión de criptoactivos con base en un mandato legal expreso, o en su defecto una delegación en ese sentido. Los ejercicios de justificación de competencias han sido más bien de descarte, esto es, que quien asume o debería asumir la competencia lo haría porque las demás entidades encuentran alguna imposibilidad para hacerlo, y al no existir quien más lo haga, pues será la entidad restante la que deba asumirlo. Esto, además de reñir con el principio de legalidad (por lo menos en lo que respecta a la parte sancionatoria que eventualmente podría tener el ejercicio de supervisión), demuestra la carencia de relevancia de los criptoactivos en términos de política pública y gestión de la administración.

Ahora bien, está claro que podría dotarse de las facultades necesarias a una comisión de regulación o superintendencia ya existente, pero dada la especialidad del tema, las distintas disciplinas y sectores que tie-

---

Común, https://www.researchgate.net/publication/311576632_Auge_y_problemas_de_la_metarregulacion_la_iniciativa_legislativa_y_la_potestad_reglamentaria_en_la_Ley_de_Procedimiento_Administrativo_Comun_The_boom_and_problems_of_meta-regulation

nen que ver con los criptoactivos, su evolución y las operaciones que con ellos pueden adelantarse, consideramos que se justificaría la creación de esta entidad (o por lo menos un área especializada en alguna de las entidades existentes). Queda claro, como lo expone Restrepo, que

> si bien es cierto que la liberalización se expresa como la apertura de espacios antes ocupados exclusivamente por el Estado a favor de los particulares, dicho movimiento de apertura (liberalización), por razones de necesidad práctica, debe acompañarse con unos mecanismos de regulación, entre los cuales el más representativo resulta ser el de las agencias de regulación, que aparecen como una manifestación del rol de intermediario, entre el intervencionismo y la liberalización total, que desarrolla el Estado[11].

Si se llegase a optar por esta opción, no debe olvidarse que un buen regulador debe contar, según López Murcia, con los siguientes elementos: (i) instrucciones; (ii) herramientas; (iii) capacidad y disposición para explicar los propósitos y efectos de sus acciones; (iv) procedimientos; (v) capacidades técnicas; (vi) organización administrativa; y (vii) mecanismos disponibles en caso de crisis[12]. Y adicionalmente, tampoco podemos obviar lo dispuesto en la Constitución Política en cuanto a que a la administración pública sólo le está permitido hacer aquello que se encuentra establecido de manera expresa en las normas vigentes, razón por la cual los elementos antes listados deberán estar contenidos en alguna norma.

Sin duda alguna, existen pros y contras que deberán ser tenidos en cuenta antes de adoptar una solución como esta, pues probablemente los costos de implementación sean muy elevados. Sin embargo, no puede obviarse el hecho de que un grupo especializado en la materia, por pequeño que sea, probablemente podrá estudiar más a fondo el fenómeno y proponer soluciones estructurales que no necesariamente generen altos costos al Estado.

---

11 Manuel Alberto Restrepo Medina *et al.*, *Globalización del derecho administrativo colombiano*, 55.

12 Julián Daniel López Murcia, *Inteligencia regulatoria. Algunas herramientas para diseñar y analizar regulación*, (Bogotá: Legis y Universidad de la Sabana, 2022), 69-70.

II. *SANDBOX* REGULATORIO

Otra de las opciones que se presentan para realizar algún tipo de intervención es la de crear una arenera regulatoria o *sandbox* regulatorio, que no es otra cosa que una ficción jurídica que genera un espacio en el que se pueden desarrollar ciertas actividades en un ambiente vigilado, en el que no aplica ninguna norma que pudiese afectar el desarrollo de esas actividades, dentro de ciertos parámetros, de forma tal que pueda verse la viabilidad de dichas actividades y poder ajustar el marco jurídico para que puedan realizarse sin incurrir en algún tipo de violación a la normatividad vigente.

La doctrina latinoamericana los ha definido de la siguiente manera: "Se puede definir a los *sandboxes* regulatorios como espacios controlados de pruebas prácticas relacionadas con proyectos de innovación financiera que se encuentran en un estado de, por lo menos, producto mínimo viable (MVP, por sus siglas en inglés), y dentro de un marco legal y de supervisión previamente acordado con las autoridades que, dependiendo de la jurisdicción, permitirán exenciones o aplicaciones menos gravosas de determinados requisitos regulatorios[13]. Estas pruebas no solo se encuentran limitadas en cuanto a materia (innovaciones financieras en productos o tecnología que se consideren materiales e impliquen mejoras para el público o los mercados), sino también en términos de tiempos, público e, incluso, volúmenes de transaccionalidad, dependiendo de los criterios locales"[14].

Ahora bien, respecto de su finalidad, se ha establecido que

> (...) el *sandbox* regulatorio permite a los agentes públicos conocer mejor la actividad y la tecnología durante un período de tiempo limitado. Sobre la base de este conocimiento acumulado, el regulador podrá decidir si estas empresas deben adaptarse a las normas ya existentes o si lo más adecuado es establecer normas especiales para estas actividades innovadoras, adoptando una estrategia de regulación asimétrica[15].

---

13 Kulik, 2018, 143.

14 Lucía Suárez Barcia, "Instrumentos administrativos para el fomento de la innovación tecnológica en el sector financiero peruano", *Revista Derecho PUCP*, n.°. 87, 2021, 194.

15 Thiago Marrara y Gustavo Gil Gasiola, "Regulación de las nuevas tecnologías y nuevas tecnologías de la regulación", 85.

En Colombia tenemos un ejemplo destacable en materia de criptoactivos, que fue creado mediante el Decreto 1234 de 14 de septiembre de 2020, "Por medio del cual se adiciona el Decreto número 2555 de 2010 en lo relacionado con el espacio controlado de prueba para actividades de innovación financiera", mediante el cual se estableció el conjunto de normas, procedimientos, planes, condiciones, requisitos y requerimientos prudenciales que permite probar desarrollos tecnológicos innovadores en la prestación de actividades propias de las entidades vigiladas por la Superintendencia Financiera de Colombia. Ello, por cuanto se consideró necesario reglamentar los objetivos, requisitos y etapas de funcionamiento del espacio controlado de prueba, como una herramienta para promover la innovación en la prestación de los servicios financieros y facilitar a las autoridades de supervisión y regulación la identificación de nuevos desarrollos financieros.

El espacio creado se denominó "La Arenera", definido por la misma Superintendencia Financiera de Colombia como "el marco que ha dispuesto la SFC para la realización de pruebas de innovaciones tecnológicas aplicadas a servicios financieros, del mercado bursátil o asegurador, en un espacio controlado y supervisado. En este espacio, las entidades innovadoras pueden poner a prueba nuevos modelos de negocios, aplicaciones, procesos o productos que tengan componentes de innovación en tecnología, que generen impacto en los servicios financieros, del mercado bursátil o asegurador, y que representen un beneficio para el consumidor financiero, faciliten la inclusión financiera o desarrollen los mercados financieros. Este espacio permite a la SFC mantener un balance entre una regulación adecuada orientada a realizar una supervisión integral de las entidades vigiladas, la prevención de situaciones de crisis, el ejercicio ilegal de la actividad financiera y el fomento y apoyo de nuevos avances tecnológicos aplicados a los servicios financieros"[16].

En ese piloto se presentaron nueve alianzas entre entidades financieras y plataformas de intercambios de criptoactivos o *exchanges*. El diario La República publicó una infografía[17] que resume los resultados de este primer ejercicio, así:

---

16 Superintendencia Financiera de Colombia, *Manual de funcionamiento de la Arenera*, volumen 2.0, (Bogotá, 2020), 2.

17 Diario La República, *¿Qué resultados ha dejado hasta ahora el piloto que destinó regulador sobre criptos?*, 1 de agosto de 2022.

Figura 3.

Fuente: Diario La República.

La información resumida en el anterior cuadro es un punto de partida para tomar la decisión de si es necesario o no intervenir los criptoactivos o las actividades que con ellos se realicen, aunque se trata de un solo aspecto que dicha intervención podría contemplar (ver aparte II. III)

En el sentido de utilizar las areneras regulatorias para impulsar desarrollos tecnológicos, López menciona en su obra que

> en el contexto colombiano, con ajustes en el artículo 5° de la Ley 2069 de 2020, las *areneras regulatorias* también podrían servir para dar a los entes territoriales (regiones, departamentos, distritos y municipios) la posibilidad de atraer inversión e impulsar sectores estratégicos. Por ejemplo, a través de una arenera regulatoria enfocada en desarrollos tecnológicos que tenga como ámbito de experimentación una específica ciudad. En una línea similar, recientemente, el Gobierno Nacional promulgó el Acto Legislativo 1 del 2021, por medio del cual se otorga la calidad de distrito especial de ciencia, tecnología e innovación a la ciudad de Medellín. El hecho de que se trate de una reforma constitucional evidencia la "juridificación" extrema de nuestra regulación[18].

El ejemplo al que hace referencia el autor citado es el que ha impulsado el desarrollo de Medellín con proyectos como Ruta N, entre

---

[18] Julián Daniel López Murcia, *Inteligencia regulatoria. Algunas herramientas para diseñar y analizar regulación*, 51.

otros, que le apuntan a un desarrollo de las nuevas tecnologías que hagan de esa ciudad, y eventualmente de nuestro país, un entorno tecnológico competitivo.

Este tipo de iniciativa sirve para recabar información que permita una eventual intervención más eficiente y eficaz, pues puede ser muy enfocada en los problemas que surgen con ocasión de la utilización de las tecnologías cuyo uso desregulado se autoriza. Como primer paso consideramos que es muy acertado, y por tanto deberá ser con base en el ejemplo de la Superintendencia Financiera de Colombia que se identifiquen los verdaderos retos que se pueden presentar en relación con el intercambio o compra y venta de criptoactivos.

III. AUTORREGULACIÓN

Ya se había planteado en un aparte anterior que la situación actual, en la que contemplamos un mundo globalizado, una evolución exacerbada de la tecnología, entre otros fenómenos que inciden en múltiples esferas de nuestra realidad, hace necesario el replanteamiento de postulados clásicos que no se adaptan a los nuevos tiempos. Ello implica que

> Si hasta ahora el gobierno ha correspondido a órganos que ejercen el poder sobre el territorio, sometiendo al control político de la ciudadanía los límites y fines de su actuación, hoy para hacer frente a los problemas de las instituciones deberán replantear la acción de gobierno, sometida a un proceso de reajuste en lo que se denomina nueva *gobernanza*, y participar en estrategias de cooperación con otros actores para proceder a una gestión colectiva de las interdependencias globales[19].

En efecto, "la situación hoy se da aun con más fuerza: debido al proceso de globalización los gobiernos de los Estados no pueden actuar de manera independiente, sin contar con otros actores como los organismos internacionales, el mercado y la sociedad civil que forman un gobierno multinivel con estructura de red, que favorece las respuestas globales, a través de redes transnacionales"[20].

---

19 Rafael Rubio, "Los ciudadanos, ¿protagonistas de la globalización?", en *El Derecho en el contexto de la globalización,* editado por Gonzalo Ramírez Cleves, (Bogotá: Universidad Externado de Colombia, 2007), 245.

20 Rafael Rubio, "Los ciudadanos, ¿protagonistas de la globalización?", 244.

La participación de estos nuevos actores, que no gozan de las facultades o potestades de las administraciones soberanas, pues pertenecen al ámbito de lo privado o particular, consiste en que, dadas sus características de experticia y manejo de ciertas actividades, entornos y mercados, sean ellos quienes se impongan las normas que rijan dichas actividades. Vemos como "se ha producido una especia de proceso de "devolución de tareas del Estado y la administración a la sociedad", en virtud del cual,

> por un lado, la administración se está retirando de ciertos sectores, una retirada que no es total, sino que la lleva a otras posiciones estratégicas más distantes; por otro, una sociedad compleja está desarrollando potentes movimientos de autorregulación que la llevan a dominar y administrar muchos sectores en los que las administraciones se retiran (...) el fenómeno de la autorregulación no es el resultado de la decisión libre de los sujetos de imponerse normas a sí mismos, sino que es la consecuencia de la decisión voluntaria del Estado de replegarse en un sector específico, pero no de manera pura y simple, sino con la consciencia de que se trata de un sector que aún requiere de regulación, pero no ya proveniente del Estado, sino del propio sector, bajo las reglas y los mecanismos de vigilancia creados por el propio Estado[21].

Son varios los ejemplos de esta situación, sobre todo en lo relativo a normas técnicas y procesos de estandarización (como las normas ISO, por ejemplo), y hasta la misma red: "Decisiones sobre la adopción de estándares tecnológicos están cada vez más en manos de la industria que en cabeza de los Estados, como sucedió con la adopción universal del protocolo TCP/IP para el funcionamiento de las redes de Internet, sin duda alguna una de las decisiones más trascendentales para el mundo en general y para el sector en particular, curiosamente fue el resultado de un acuerdo espontáneo entre particulares y no consecuencia de la intervención estatal"[22]. Esto es ilustrativo frente a que sí es posible lograr consensos que redundan en beneficio de toda la humanidad, y que además versan sobre algún avance tecnológico, sin necesidad de acogerse a esquemas clásicos

---

21 Jorge Enrique Santos Rodríguez, "El rol del administrado en el Estado constitucional", 312-313.

22 Alfredo Fajardo Muriel, "Nueva realidad jurídica para las telecomunicaciones en Colombia", en *Lecciones en materia de telecomunicaciones*, (Bogotá, Universidad Externado de Colombia, 2003), 105.

con muchas limitaciones, como la soberanía territorial ampliamente discutida en otro aparte de este escrito.

Ahora bien, como en todos los aspectos que han sido analizados hasta el momento, existen posiciones encontradas frente a esta solución. Para cierto sector de la doctrina autorizada,

> La formación libre de la norma en desmedro del poder regulador del Estado, o si se quiere, el proceso de *desregulación* entendido no como menos derecho, sino como menos derecho estatal, en beneficio de una más amplia potestad normativa de los particulares, pone en crisis uno de los postulados fundamentales del positivismo moderno, el de la certeza del derecho. Tal positivismo, en verdad, tiene como fundamento la necesidad de negar todo lo "extralegal", y de prescindir de todo lo "metajurídico", toda vez que las relaciones se deben someter al contenido cierto de la norma, pues de lo contrario se ponen en juego la seguridad y la fijeza del ordenamiento, y la confianza que debe suscitar la ley[23].

Vemos como esta asociación de "certeza" o "seguridad" jurídicas con la existencia de normas no deja de presentarse en los debates actuales, razón de más para asumir una posición institucional frente al asunto y establecer ese punto entre ambos extremos: el rígido en extremo, o el de una laxitud más afín con las necesidades de la evolución tecnológica.

Vale la pena traer a colación la experiencia que se dio en el sector financiero con la figura de la autorregulación, después de la crisis financiera de los años 70 del siglo pasado. En primer lugar,

> Con el propósito de restaurar la confianza y estabilidad del sistema financiero internacional, los gobernadores de los bancos centrales del G-10 expidieron un comunicado en septiembre de 1974 transmitiendo un mensaje de total respaldo a la liquidez del sistema de pagos internacionales. De igual manera, crearon un comité permanente de supervisores encargado de desarrollar principios y reglas apropiados sobre prácticas de regulación y supervisión de los mercados bancarios internacionales. Dicho comité debía reportarles a tales gobernadores sobre el desarrollo de herramientas que evitaran la ocurrencia de crisis similares en el futuro. Tendría su sede en Basilea, Suiza, en las oficinas del Banco de Pagos Internacionales. Desde entonces, el Comité de Basilea se ha caracterizado por su informalidad legal y procedimental, por ser un comité que deriva su existen-

23 Édgar Cortés, "Fluidez y certeza del derecho. ¿Hacia un sistema abierto de fuentes?", 163.

cia del mandato de los gobernadores y directores del (sic) los referidos bancos centrales, así como por su seriedad y solidez de su trabajo[24].

Posteriormente, en la reunión del G-7 de 18 de junio de 1996 en Lyon se trató el tema de la globalización, y producto de dicha reunión se expidió un documento titulado "Hacer de la globalización un éxito para el beneficio de todos". En dicho documento se recomienda a las instituciones y organismos financieros internacionales (i) incrementar sus esfuerzos para promover estructuras de supervisión eficientes; (ii) aumentar la cooperación entre las autoridades responsables de la supervisión de instituciones financieras internacionalmente activas, clarificando sus roles y responsabilidades; (iii) promover una administración de riesgos más fuerte, así como una mayor transparencia en los mercados y en las actividades conexas a los mismos, especialmente en los mercados más innovadores; y (iv) estudiar las implicaciones de los avances tecnológicos que hacen posible la creación de métodos sofisticados de pagos y de cómo asegurarse de que los beneficios de tales avances son totalmente absorbidos[25]. Lo que podemos entender es que

> la comunidad internacional ha establecido una estrategia para la prevención de crisis financieras transfronterizas que trata de hacer frente a la dialéctica natural existente entre crisis financieras y posterior respuesta regulatoria, mediante un trabajo conjunto de autoridades e instituciones internaciones relevantes hacia el establecimiento e implementación de estándares internacionales. Con tales actividades, se pretende crear una infraestructura internacional uniforme y preventiva que sea capaz de contagiarse a otros sistemas financieros[26].

Para el Comité de Basilea

> Debe existir un marco legal que establezca qué autoridad tiene la capacidad de otorgar autorización de funcionamiento a las organizaciones bancarias, así como revocar la misma. Dicho marco debe establecer, además, los estándares mínimos que los bancos deben cumplir. Así mismo, la ley debe otorgar suficiente flexibilidad al supervisor para establecer administrativamente reglas prudenciales de acuerdo con la necesidad, y para utilizar juicios cualitativos.

---

24 Mauricio Baquero Herrera, "Derecho financiero y globalización: la nueva propuesta del Comité de Basilea para la Supervisión Bancaria", 427.

25 Mauricio Baquero Herrera, "Derecho financiero y globalización: la nueva propuesta del Comité de Basilea para la Supervisión Bancaria", 439-440.

26 Mauricio Baquero Herrera, "Derecho financiero y globalización: la nueva propuesta del Comité de Basilea para la Supervisión Bancaria", 443.

> Adicionalmente, la ley debe proveer poderes al supervisor para recolectar información y verificarla de manera independiente[27].

Esto se ve reflejado en los "Principios básicos para una supervisión bancaria efectiva", que fueron proferidos en 1997 por el Comité de Basilea como respuesta a la crisis que en ese momento se vivió, procurando lograr la estabilidad financiera de manera efectiva. Una de las características fundamentales de dichos principios es que "su aplicación es voluntaria y pretende ser universal, esto es que debe ser acogida por todos los sistemas de supervisión y, además, dada su generalidad es adaptable a todos los sistemas"[28].

Sin embargo, estos principios, pese a ser establecidos por organismos particulares, siguen recurriendo a las figuras clásicas del derecho para buscar legitimidad. Por ejemplo,

> Dentro del principio I debe entenderse que la regulación da herramientas al supervisor para establecer si las entidades bajo su competencia cumplen con la regulación y, a su vez, si son seguras y sólidas (...) Para tales efectos, el supervisor debe contar con la capacidad de acceder sin restricciones a todos los archivos de los bancos con el objeto de revisar el cumplimiento tanto de las reglas internas y límites establecidos por el propio banco, como de las leyes y la regulación general. De igual manera, la ley debe otorgar poder al supervisor para adoptar o hacer adoptar al banco acciones correctivas cuando a su juicio éste no cumpla con la legislación y la regulación (interna y/o externa) o esté realizando prácticas inseguras. De igual manera, el supervisor debe estar autorizado por la ley para imponer sanciones, destituir individuos e, incluso, revocar la autorización para la realización de operaciones en caso de encontrar incumplimientos[29].

De acuerdo con esto, como se mencionó con anterioridad, deberá establecerse una posición frente al apego al principio de legalidad estricto dentro de cada una de las actividades de supervisión, a saber: vigilancia, inspección y control. Ahora bien, existe una variación de la figura de autorregulación, y se trata de la autorregulación regulada:

---

27 Mauricio Baquero Herrera, "Derecho financiero y globalización: la nueva propuesta del Comité de Basilea para la Supervisión Bancaria", 465-466.

28 Mauricio Baquero Herrera, "Derecho financiero y globalización: la nueva propuesta del Comité de Basilea para la Supervisión Bancaria", 451.

29 Mauricio Baquero Herrera, "Derecho financiero y globalización: la nueva propuesta del Comité de Basilea para la Supervisión Bancaria", 466.

> (...) mediante la autorregulación regulada, la Administración supervisa la actuación privada de aprobación y aplicación de normas y los controles privados de cumplimiento de tales normas. Adicionalmente, la Administración debe asegurarse de que los destinatarios de tales normas y controles se sometan realmente a las mismas; y debe garantizar la capacidad técnica y el sometimiento a fines públicos de los sujetos privados que aprueban y controlan la aplicación de estas normas. En definitiva, la Administración debe velar para que la autorregulación privada conduzca, efectivamente, a la minimización de los riesgos generados por quienes se autorregulan"[30].

Lo anterior implica que, pese a que existe un desprendimiento por parte del Estado para efectos de regular cierta materia, este no es total, pues se siguen fijando una serie de límites y parámetros dentro de los cuales los autorregulados podrán ejercer la actividad regulatoria, sin menoscabar esa facultad en cabeza de la administración, que deriva de la soberanía y su ejercicio. En otras palabras,

> el Estado se ve forzado a reconocer que el orden jurídico aplicado por los operadores privados de los servicios esenciales deja de ser el que emana de su voluntad y pasa a serlo la verificación de las reglas de autocontrol definidas por los propios prestadores. De esta manera, el derecho administrativo tiende a ser una regulación de la autorregulación, de constatación de cumplimiento de las reglamentaciones privadas, a las cuales el Estado les atribuye efectos vinculantes[31].

Así,

> La regulación de la autorregulación es un sustituto de la regulación administrativa de policía, en la medida en que al atribuirle efectos jurídicos concretos de habilitación, prueba, vinculación y cosa juzgada, comporta elementos regulatorios y sirve a los mismos fines que la regulación de policía. La diferencia estriba en que a través del poder de policía clásico se regulaban directamente los contenidos, en tanto que la regulación neopolicial tiene por objeto los fines y los procedimientos a los que deben someterse los sujetos que van a regular esos contenidos[32].

---

30 William Villalobos Herrera, "Derecho administrativo y nuevas tecnologías ¿*Quo vadis* regulación?", en *Tecnología, administración pública y regulación*, coordinado por Luis Ferney Moreno Castillo, William Iván Gallo Aponte y Vivian Cristina Lima López Valle, (Bogotá: Universidad Externado de Colombia, 2021), 107.

31 Manuel Alberto Restrepo Medina *et al.*, *Globalización del derecho administrativo colombiano*, 68.

32 Manuel Alberto Restrepo Medina *et al.*, *Globalización del derecho administrativo colombiano*, 69.

Ya se ha manifestado en otros apartes que es difícil reñir con el fetichismo legalista que permanece latente en varios Estados y por lo tanto difícilmente se hará entrega de la batuta regulatoria, lo cual no obsta para que el Estado acepte la existencia de este tipo de situaciones. Por ello, a pesar de existir espacios donde es evidente que el Estado ha perdido protagonismo (si es que todavía lo tiene), debe existir algún tipo de constatación normativa de que hizo acto de presencia y ejerció su soberanía, dando un halo de legalidad a la intervención regulatoria privada.

> En otras palabras, aunque los Estados que participan en estas reuniones y foros formalmente declaran obrar de acuerdo con el principio de autodeterminación, materialmente también reconocen sus propios límites y sus capacidades de autorregulación y, por lo tanto, "soberanamente" coinciden en la adaptabilidad de sus instituciones y estructuras normativas a las nuevas exigencias de la sociedad en red del capitalismo globalizado[33].

En resumen, vale la pena contemplar la posibilidad de que sean los particulares expertos en el uso de las tecnologías como los criptoactivos los que definan cuáles deben ser las reglas que deben aplicarse, y deberá determinarse el grado de intervención de la administración dentro de ese marco que establezcan los particulares, pues podrá ser desde un simple observador, hasta un garante del cumplimiento de aquél mediante el uso de la fuerza.

IV. DERECHO ADMINISTRATIVO GLOBAL

El derecho administrativo ha venido forzando sus límites en múltiples dimensiones. En primer lugar, ha expandido su objeto de intervención para entrar en áreas como la regulación de energía, telecomunicaciones, etc.; en segundo lugar, ha descubierto nuevas formas e instrumentos de gobernanza, incluyendo información, indicadores, etc.; y, en tercer lugar, se ha expandido a un espacio transnacional, mediante agencias nacionales regulando conductas extraterritoriales, como aquellas relacionadas con la responsabili-

---

33 Manuel Alberto Restrepo Medina *et al.*, *Globalización del derecho administrativo colombiano*, 162-163.

dad corporativa, ambiental, entre otras[34]. Este fenómeno no es ajeno a otras ramas del derecho, pues de tiempo atrás se viene trabajando en un proyecto de "constitución planetaria"[35].

Como se ha venido mencionando a través de este escrito, y es una opinión generalizada,

> Al ordenamiento jurídico tradicional no le alcanza hoy para regular el universo digital que caracteriza a la sociedad actual. Por cuanto su concepción pertenece en gran medida a un contexto, espacio y tiempo muy alejado del mundo moderno. Y con el pasar del tiempo será aún más obsoleto, teniendo presente que el crecimiento digital, en comparación con el avance jurídico, es abismal. Situación que invita a su evolución desde un enfoque meta. Es decir, más allá de lo análogo[36].

---

34 Mónica Liliana Ibagón, "La delimitación entre el derecho público y el derecho privado en el derecho administrativo: ¿qué puede aprender Colombia del sistema jurídico alemán?", 46: "[Administrative Law] is pushing its disciplinary boundaries in multiple dimensions. *First*, it has expanded its subject-matter over the past decades and entered areas such as the regulation of energy, telecommunication, food safety, health, migration, employment, anti-trust, competition, and financial market regulation; and it continues to do so as recent discussions about fracking, carbon capture and storage, or geo-engineering show. *Second*, it has discovered novel modes and instruments of governance, including information, indicators, or tax incentives, but also contractual arrangements, such as public-private partnerships (PPPS) and public procurement. And *third*, it has expanded into the transnational legal space, with domestic agencies regulating extraterritorial behavior, such as corporate or environmental responsibility in foreign trade and investment, with domestic agencies cooperating across borders, for example by sharing information or implementing joint projects, and with international institutions and international law fulfilling administrative functions and being analyzed with administrative law tools, for example the Basel Committee, the International Atomic Energy Agency, the Clean Development Mechanism, or multilateral development banks. All of this leads to an impressive expansion of administrative law, partly within, but above all beyond the nation-state".

35 En Perspectiva, "Una Constitución para el mundo: Luigi Ferrajoli, jurista italiano, explicó su texto de 100 artículos", Youtube, 13 de julio de 2022, video, https://www.youtube.com/watch?v=IwsQj6HPOTc.

36 Jorge Iván Guerra Fuentes, "El metaderecho, su desarrollo práctico actual", en *Derechos humanos y proceso*, XLIII Congreso Colombiano de Derecho Procesal, Cartagena, Instituto Colombiano de Derecho Procesal–ICDP y otros, 2022, 180.

Son muchas las respuestas que han surgido con ocasión de la anterior preocupación, pero desde un punto de vista global, hay una iniciativa que cada vez cobra más fuerza, que no es otra que el Derecho Administrativo Global o *Global Administrative Law* (GAL). Esta nueva realidad en la que las instituciones tradicionales o clásicas se demuestran obsoletas genera el espacio para el surgimiento de este tipo de fenómenos. Así lo entiende Darnaculleta, al mencionar que

> La idea en común que comparten todas las aproximaciones al Derecho Administrativo Global parte de constatar la existencia de una quiebra de la separación tradicional entre la esfera interna y la esfera externa de actuación de los Estados, representadas respectivamente por el Derecho Administrativo y el Derecho Internacional Público. Esta quiebra se corresponde, por un lado, con el denominado proceso de internacionalización del Derecho Administrativo, propiciada por la apertura de los Estados hacia el exterior y, por otro lado, por la creciente administrativización de las organizaciones supra y transnacionales, y que se concreta en la creciente relevancia y aplicación de los valores y principios propios del Derecho Administrativo más allá de las fronteras estatales"[37].

En el mismo sentido, Tripathi afirma que el fenómeno del derecho administrativo global deriva del establecimiento del derecho internacional y las instituciones internacionales que cobraron fuerza con posterioridad a la creación de las Naciones Unidas y que hoy son normales dentro de un espacio económico global, al punto tal que "estos cuerpos de creación y aplicación de reglas tienen la capacidad de dirigir conductas proveyendo incentivos e imponiendo sanciones incluso sin tener poder coercitivo"[38].

Queda claro entonces que existe una nueva visión del derecho administrativo que trasciende las fronteras físicas que solían caracterizarlo, para encontrarnos ante una respuesta regulatoria de carácter global. En otras palabras, vemos cómo las necesidades actuales llevan a modernizar el derecho administrativo al punto tal en que se debe matizar un concepto axiomático para él: la soberanía.

---

37 M. Mercè Darnaculleta Gardella, "El derecho administrativo global", *Revista de Administración Pública*, n.° 199, 2016, 16. https://doi.org/10.18042/cepc/rap.199.01.

38 Rajeshwar Tripathi, "Concept of Global Administrative Law. An Overview", *India Quarterly*, n.° 67 (4), New Delhi, 2011, 357. https://www.jstor.org/stable/45073012?read-now=1&seq=2#page_scan_tab_contents.

Así las cosas, siendo el consenso (manifestación de la autonomía de la voluntad) el fundamento de la creación y adopción de esta nueva figura,

> En los términos expresados por los fundadores del GAL, el Derecho Administrativo Global comprendería los «mecanismos, principios, prácticas y acuerdos sociales» que respaldan o promueven la «accountability» de las administraciones globales, asegurando que estas cumplen unos «estándares adecuados» de transparencia, participación, razonabilidad en la toma de decisiones y legalidad, y que las normas y decisiones que aprueban están sometidas a un control efectivo. Se trata, como puede observarse, de una propuesta de traslación a la esfera global de valores, principios —o, incluso, de concretas normas jurídicas— importados del Derecho Administrativo Estadounidense, en los que juega un papel determinante la noción de «accountability»[39].

Este acuerdo se refleja en ciertas características que han sido definidas por la doctrina, así: "La base de la organización administrativa internacional radica en el acuerdo de los Estados, reglamentado por convenciones o tratados normativos cuyo fin es servir a la satisfacción de los intereses internacionales, pues crean al efecto servicios públicos internacionales". Por ello llega a ser necesaria una definición de las funciones públicas en la organización administrativa internacional, que en el sentir de los doctrinantes debe reunir las siguientes características:

- Son titulares de poderes o atribuciones, como han sido conferidas por el acto de creación, salvo modificaciones posteriores.
- Son permanentes y exclusivas, es decir, el titular de una función internacional no puede pertenecer al mismo tiempo a los cuadros de la administración activa de un Estado particular.
- Son creadas por un tratado colectivo o por una decisión de la asamblea general de la institución.
- Son creadas para cumplir un interés general.
- Están jerarquizadas, es decir, las funciones de un servicio internacional están clasificadas según un orden de superposición.
- Tienen una esfera de competencia determinada.

---

39 M. Mercè Darnaculleta Gardella, "El derecho administrativo global", *Revista de Administración Pública*, n.° 199, 2016, 18. https://doi.org/10.18042/cepc/rap.199.01.

- A cada función le está asignada un número de derechos agrupados al titular de la función: "derecho a un sueldo determinado, al ascenso y a las inmunidades y privilegios diplomáticos"[40].

De lo anterior, se puede concluir que incluso respecto de una solución "moderna" a problemas actuales, se predican dejos de la figura clásica de la cual se parte. Es decir, no existe una renuncia total a las características tradicionales de la figura que se busca aplicar, sino que simplemente se hace una extrapolación hacia un espacio que funciona bajo una lógica distinta, lo que nos lleva a preguntarnos si esta respuesta será la más apropiada en términos de eficacia. Tal vez una solución autorregulatoria podría evidenciarse más eficiente, así como "(…) las políticas de comunidad materializan la facultad de auto regulación que tienen los intermediarios de internet de generar las reglas que rigen y/o regirán su sitio web"[41].

Para el caso particular de los criptoactivos, podría existir un organismo internacional encargado de fijar esas reglas y políticas que rijan todo lo relacionado con este tipo de activos y las actividades que con ellos se desarrollen, el cual estaría legitimado por la participación de pluralidad de naciones que pretendan incorporar esa tecnología a su economía. Sería una versión macro de lo que actualmente adelanta la Unión Europea con su regulación sobre mercados de criptoactivos (MiCA) que ha servido como parámetro para que muchos países expidan reglamentación al respecto.

Ahora bien, existe una posición que comparte algo de fundamentación con la posición del derecho administrativo global, pero que va un poco más allá, pues sugiere una intervención mucho más agresiva: se trata de la proposición de una jurisdicción "meta". Teniendo en cuenta que Internet funciona en un plano imaginario e intangible, los límites geográficos, políticos y sociales establecidos por la humanidad quedan en un segundo plano. Circunstancia que

---

40 Manuel Alberto Restrepo Medina *et al.*, *Globalización del derecho administrativo colombiano*, 43-44.

41 Jorge Iván Guerra Fuentes, "El metaderecho, su desarrollo práctico actual", en *Derechos humanos y proceso*, XLIII Congreso Colombiano de Derecho Procesal, 2022, 175.

redunda con los conceptos jurídicos de jurisdicción y competencia, por ejemplo. Ya que, al estar concebidos y atados a un factor territorial, quedan obsoletos e inaplicables en el contexto virtual.

Por lo tanto, se propone la creación de una Jurisdicción meta, que opere única y exclusivamente dentro del mismo ecosistema digital. Es decir, desapegada e inoperante del mundo tangible. Con ello, se encararía la principal problemática derivada de la operación de los intermediarios de internet en el ciberespacio.

De la jurisdicción meta propuesta, su cabeza funcional sería un Tribunal mundial conformado por jueces postulados y designados por todos los Estados. Con la facultad de conocer asuntos de trascendencia universal o de aquellos que, partiendo del factor subjetivo, exija cada caso en concreto. Así mismo, se plantea el desarrollo complementario de una competencia meta, que estaría en cabeza funcional de cada Estado, bajo la misma aplicación incorpórea. Para que, de esta manera, estos puedan fungir como administradores de justicia en la Internet. Así, tendrían la capacidad judicial de obligar a los intermediarios de internet al cumplimiento inmediato de las decisiones judiciales, so pena de las condenas que su incumplimiento o cumplimiento tardío ameriten. Pudiendo contar incluso, con el respaldo funcional del tribunal mundial para las respectivas sanciones pecuniarias[42].

Esta respuesta procesalista va un poco más allá del derecho administrativo global, pues plantea la creación de una jurisdicción global, esto es, que existan jueces globales que diriman las controversias relativas a asuntos que versen sobre Internet. Esto podría cubrir las transacciones con criptoactivos, en el sentido que la mayoría de las operaciones que con ellos se realizan, son en línea.

Con todo, pese a lo innovador de la propuesta, no encontramos que tenga todavía el suficiente fundamento para su adopción, y dado lo reciente de su existencia, lo lógico es que se siga trabajando en ello con el fin de analizar los pros y contras que una medida de esa índole puede llegar a tener en relación con el ordenamiento jurídico en todos sus niveles.

---

42 Jorge Iván Guerra Fuentes, "El metaderecho, su desarrollo práctico actual", 180.

V. LABORATORIOS JURÍDICOS

Los laboratorios jurídicos son reuniones o mesas de trabajo en las que participan representantes de distintas entidades, públicas y privadas, que guardan alguna relación con la temática objeto de discusión, en la que se discuten distintos escenarios que puedan ser problemáticos para una o varias de las entidades allí presentes, de forma tal que pueda pensarse en soluciones a los problemas antes de que estos se materialicen.

Es un ejercicio meramente analítico, pues se trata simplemente de imaginar situaciones desde una perspectiva *multi-stakeholder*, y así tener una visión más completa de los aspectos relacionados con algún tema específico.

Para el caso de los criptoactivos en Colombia, probablemente estos laboratorios deberían contar con presencia de la Superintendencia Financiera de Colombia, la Superintendencia de Sociedades, la Superintendencia de Industria y Comercio, el Ministerio de Tecnologías de la Información y las Comunicaciones, el Banco de la República, el Ministerio de Hacienda, la Dirección de Impuestos y Aduanas Nacionales, representantes de las entidades financieras, de las plataformas de intercambio de criptoactivos, representantes de los usuarios de criptoactivos y representantes de la academia.

Conclusiones

Después de agotar el ejercicio académico antecedente, que no es un producto terminado sino el inicio de muchas discusiones y tan sólo un aporte adicional a los tantos existentes en esta materia, lo primero que podemos concluir es que muchas veces se asumen posiciones inmediatistas, o con una visión cortoplacista, que a la larga no necesariamente solucionan los problemas, y por el contrario terminan generando algunos adicionales. Ello se evidencia, por ejemplo, en el ímpetu de nuestro legislador por regular el intercambio de criptoactivos a través de plataformas, pues por más de que sea muy loable el objetivo, se encuentra demasiado sesgado en su enfoque y se obvian muchas situaciones que deberían ser tenidas en cuenta si la intención es hacer una intervención de este tipo.

Adicionalmente, puede establecerse que, pese a la existencia de múltiples normas que versan sobre la misma materia, muchas veces no se tiene claridad sobre los conceptos básicos que sirven como fundamento a dicha normatividad, lo que en últimas genera mayor confusión. Así, por ejemplo, vemos que existen varias entidades que ejercen funciones de supervisión, pero todas la hacen de manera distinta, pese a tratarse de la misma actividad. Es más, existen avances realizados por algunas de estas entidades que podrían mejorar la forma en que otras ejercen la misma función, pero no son tenidas en cuenta o se alejan del planteamiento que de dicha actividad se hace en la norma especial que define sus competencias.

Otra conclusión a la que podemos llegar es que las nuevas tecnologías generan una fuerte presión sobre los Estados cuando de regularlas se trata, pues la velocidad a la que evolucionan supera con creces la de los intentos regulatorios de cualquier Estado. También se hace evidente que las nuevas tecnologías modifican nuestra realidad, y que muchas veces las instituciones sobre las cuales se construyeron muchas posiciones y doctrinas han quedado relegadas u obsoletas. Aunque se sabe que nunca se podrá estar a la par con los desarrollos tecnológicos en materia regulatoria, sí es preciso replantearse el basamento y entendimiento de nuestros regímenes, de forma tal que sea más fácil su adaptación a la realidad. Se sugiere no regular la figura, sino solo aquellas transacciones, acciones o conductas que configuran una relevancia significativa, y a partir de allí es más fácil determinar el ente competente para ejercer actividades de supervisión.

Ahora bien, no se trata de regular la figura por regularla, pues tiene muchos usos que no necesariamente atentan contra el bien común. De hecho, en su concepción original, lo único que se buscaba (con el Bitcoin, por lo menos) era restarle poder a los entes financieros que habían abusado de él y generar mayor libertad en cabeza de los individuos. Paradójicamente, somos los mismos usuarios los que con nuestro comportamiento desviado causamos perjuicios mediante la utilización de criptoactivos. Es preciso recordar que la tecnología no es mala en sí, lo malo es lo que nosotros podemos hacer con ella, dependiendo de nuestra voluntad.

Por último, se concluye que, por lo menos en materia de supervisión de criptoactivos, queda un largo trecho por recorrer, en el que no sólo serán necesarias decisiones y asunción de posiciones a nivel local, sino también regional e incluso global, toda vez que este fenómeno trasciende las fronteras físicas a las que estamos (o estuvimos) acostumbrados. Por ello, la invitación es a no desdeñar el cambio con base en sentimentalismos arcaicos y sin fundamento, y el llamado consiste en dotar de practicidad las herramientas con las que contamos para conseguir su mayor eficacia.

Mantengamos la mente abierta, pues a veces las soluciones vienen de los lugares menos esperados y la especialización nos sesga constantemente. Al respecto, se rescata una anécdota que incluye David Epstein en su libro "Range", en el que explica por qué los "generalistas" triunfarán sobre los "especialistas": "While I was researching this book, an official with the U.S. Securities and Exchange Commission learned I was writing about specialization and contacted me to make sure I knew that specialization had played a critical role in the 2008 global financial crisis. "Insurance regulators regulated insurance, bank regulators regulated banks, securities regulators regulated securities, and consumer regulators regulated consumers," the official told me. "But the provision of credit goes across all those markets. So, we specialized products, we specialized regulation, and the question is, 'Who looks across those markets?' The specialized approach to regulation missed systemic issues"[1].

Como ya se anunció al inicio de este corto aparte de conclusiones, la tarea acaba de comenzar, y de nuestra comprensión y visión dependerá la forma en que se interrelacione lo jurídico con lo tecnológico, no solo en aspectos como el que aquí se trata, sino en las demás áreas que ya están adquiriendo relevancia por sus implicaciones en nuestro diario vivir (p. ej. Inteligencia artificial).

---

1 David Epstein, *Range. Why generalists triumph in a specialized world*, (New York: Riverhead Books, 2019), 279.

Referencias

Almeyda Orozco, Nicolás. "La falta de claridad conceptual frente a criptoactivos y criptomonedas y sus repercusiones jurídicas en Colombia: un estudio de caso". *Revista Con-texto*, n.°58, (2022): 83-121. https://revistas.uexternado.edu.co/index.php/contexto/article/view/8654/13648.

Almeyda Orozco, Nicolás. "Criptomonedas vs. Criptoactivos: Un problema de identidad con repercusiones jurídicas". Tesis postgrado, Universidad Externado de Colombia, 2020.

Álvarez Díaz, Luis Javier. "Criptomonedas: Evolución, crecimiento y perspectivas del Bitcoin", *Revista Población y Desarrollo*, n.° 49, (2019): 130-142. http://scielo.iics.una.py/pdf/pdfce/v25n49/2076-054x-pdfce-25-49-130.pdf.

Arango Arango, Carlos, María Barrera-Rego, Joaquín Bernal, Alberto Boada. "Criptoactivos" *Banco de la República*, 2018. https://www.banrep.gov.co/sites/default/files/publicaciones/archivos/documento-tecnico-criptomonedas.pdf.

Ayuso, Miguel *¿Ocaso o eclipse del Estado?* Madrid: Marcial Pons, 2005.

Banco Central de Chile. *Informe De Estabilidad Financiera, Primer Semestre 2018*. Chile: Banco Central de Chile, 2018. https://www.bcentral.cl/documents/33528/133557/IEF1_2018rec4-2criptoactivos.pdf/346a0b40-5dec-672a-57b4-6f1e9f8b695f?t=1573279495173.

Banco de la República de Colombia. "Proceso de toma de decisiones de política monetaria, cambiaria y crediticia". Banco de la República. https://www.banrep.gov.co/es/el-banco/junta-directiva/toma-decisiones.

Baquero Herrera, Mauricio. "Derecho financiero y globalización: la nueva propuesta del Comité de Basilea para la Supervisión Bancaria". En *El Derecho en el contexto de la globalización*, Gonzalo Ramírez Cleves (ed.) Bogotá: Universidad Externado de Colombia, 2007.

Barnés, Javier. *Innovación y reforma en el derecho administrativo 2.0*, 2ª ed. Sevilla: INAP-Editorial Derecho Global, 2012.

Bernal Pulido, Carlos. "Democracia y globalización en América Latina". En *El Derecho en el contexto de la globalización*, Gonzalo Ramírez Cleves (ed.) Bogotá: Universidad Externado de Colombia, 2007.

Blomley, Nicholas. "Derecho, propiedad y geografía de la violencia: la frontera, el censo inmobiliario y la grilla". En Richard Thompson Ford *et al.*, *Derecho y geografía: espacio, poder y sistema jurídico.* Bogotá: Siglo del Hombre editores y Universidad de los Andes, 2020.

Bergson, Henri. *Les deux sources de la morale et de la religión.* París: Félix Alcan, 1932.

Bolaños, Juan Francisco, Frank Luetticke, Carlos Galarza Ponce, Eloísa Cadenas y Javier Domínguez Gómez. *Criptoeconomía: Cómo el Bitcoin y Blockchain están cambiando al mundo y tus finanzas.* Quito: Editorial Ecuador F.B.T. y Cía., 2019.

Campanelli Espíndola, María José. "El derecho administrativo tradicional en el Estado posmoderno: globalización, buena administración y supranacionalidad (el caso OCDE-Colombia)", *Revista Digital de Derecho Administrativo,* n.° 21, 2019. https://revistas.uexternado.edu.co/index.php/Deradm/article/view/5705/7534#info.

Canal, Manuela. "La policía administrativa: un concepto en evolución". En *Las transformaciones de la administración pública y del derecho administrativo,* Jorge Iván Rincón Córdoba (ed.), Homenaje al Profesor Luciano Vandelli. Bogotá: Universidad Externado de Colombia, 2019.

Carbajales, Mariano. "Hacia una definición jurídica de regulación económica", *Revista Republicana,* n.° 26, (2019): 43-66. http://www.scielo.org.co/pdf/repbl/n26/1909-4450-repbl-26-43.pdf

Carvajal Sánchez, Bernardo. "Avatares del servicio público en el derecho administrativo colombiano". En *Las transformaciones de la administración pública y del derecho administrativo,* Jorge Iván Rincón Córdoba (ed.), Homenaje al Profesor Luciano Vandelli. Bogotá: Universidad Externado de Colombia, 2019.

Chevallier, Jacques. *El Estado posmoderno.* Bogotá: Universidad Externado de Colombia, 2011.

Chevallier, Jacques. *El Estado de Derecho.* Bogotá: Universidad Externado de Colombia, 2015.

Chubb. "¿Qué es el riesgo inherente y cómo identificarlo?" Chubb. https://www.chubb.com/co-es/pymes/articulos/que-es-el-riesgo-inherente-y-como-actuar.html#:~:text=El%20riesgo%20inherente%20es%20aquel,de%20gestión%20de%20las%20compañías.

Corte Constitucional de Colombia. Sentencia C-401 de 2013. M. P. Mauricio González Cuervo (3 de julio de 2013).

Comisión de Regulación de Comisiones. Resolución 5917 de 2020: Por medio de la cual se establece el Reglamento Interno de la Comisión de Regulación de Comunicaciones.

Consejo de Estado. Sala de lo Contencioso Administrativo, Sección Primera, Sentencia 6214 de 2000. C. P. Olga Inés Navarrete Barrero (9 de julio de 2000).

Congreso de Colombia. Ley 115 de 1994: Por la cual se expide la ley general de educación.

Congreso de Colombia. Ley 42 de 1993: Sobre la organización del sistema de control fiscal financiero y los organismos que lo ejercen.

Congreso de Colombia. Ley 143 de 1994: Por la cual se establece el régimen para la generación, interconexión, trasmisión, distribución y comercialización de electricidad en el territorio nacional, se conceden unas autorizaciones y se dictan otras disposiciones en materia energética.

Congreso de Colombia. Ley 142 de 1994: Por la cual se establece el régimen de los servicios públicos domiciliarios y se dictan otras disposiciones.

Congreso de Colombia. Ley 1341 de 2009: Por la cual se definen principios y conceptos sobre la sociedad de la información y la organización de las Tecnologías de la Información y las Comunicaciones TIC, se crea la Agencia Nacional de Espectro y se dictan otras disposiciones.

Congreso de Colombia. Ley 1122 de 2007: Por la cual se hacen algunas modificaciones en el Sistema General de Seguridad Social en Salud y se dictan otras disposiciones.

Congreso de Colombia. Ley 1438 del 19 de 2011: Por medio de la cual se reforma el Sistema General de Seguridad Social en Salud y se dictan otras disposiciones.

Congreso de Colombia. Ley 964 de 2005: Por la cual se dictan normas generales y se señalan en ellas los objetivos y criterios a los cuales debe sujetarse el Gobierno Nacional para regular las actividades de manejo, aprovechamiento e inversión de recursos captados del público que se efectúen mediante valores y se dictan otras disposiciones.

Congreso de la República. Proyecto de Ley 139-2021 Cámara–267-2022 Senado: "Por la cual se regulan los Servicios de Intercambio de Criptoactivos ofrecidos a través de las Plataformas de Intercambio de Criptoactivos".

Covilla Martínez, Juan Carlos. "La preferencia de las medidas administrativas alternativas frente a la sanción administrativa". En *El poder sancionador de la administración pública: discusión, expansión y construcción*, Alberto Montaña Plata y Jorge Iván Rincón Córdoba (eds.), XIX Jornadas Internacionales de Derecho Administrativo. Bogotá: Universidad Externado de Colombia, 2018.

Darnaculleta Gardella, Mercè. "El derecho administrativo global", *Revista de Administración Pública*, n.° 199, (2016): 11-50. https://doi.org/10.18042/cepc/rap.199.01.

Del Guayo Castiella, Íñigo. "Constitución económica y Estado regulador". En *Tecnología, administración pública y regulación,* Luis Ferney Moreno Castillo, William Iván Gallo Aponte y Vivian Cristina Lima López Valle (Coords.) Bogotá: Universidad Externado de Colombia, 2021.

DIAN. Oficio 035238 de 13 de septiembre de 2018.

DIAN. Oficio 001357 de 2019.

DIAN. Concepto 100192467-2847 de 14 de octubre de 2022.

Dussan, Santiago. "Medidas regulatorias deben tener en cuenta las leyes de mercado", *Ámbito Jurídico,* n.° 552, (2021). https://www.ambitojuridico.com/noticias/en-ejercicio/mercantil-propiedad-intelectual-y-arbitraje/medidas-regulatorias-deben-tener.

Epstein, David. Range. Why generalists triumph in a specialized world. New York: Riverhead Books, 2019.

En Perspectiva. "Una Constitución para el mundo: Luigi Ferrajoli, jurista italiano, explicó su texto de 100 artículos". Youtube, 13 de julio de 2022. Video, 1:05:45. https://www.youtube.com/watch?v=IwsQj6HPOTc.

Fajardo Muriel, Alfredo. "Nueva realidad jurídica para las telecomunicaciones en Colombia". En Lecciones en materia de telecomunicaciones. Bogotá: Universidad Externado de Colombia, 2003.

Fondo Monetario Internacional. World Economic Outlook. Washington, 1997.

Forero Laverde, Germán. "Disrupción tecnológica en los mercados: ¿qué son realmente las criptomonedas?" En *Disrupción tecnológica, transformación digital y sociedad,* Juan Carlos Henao y Liliana López Jiménez (eds.), tomo 4, colección Así habla el Externado. Bogotá: Universidad Externado de Colombia, 2021.

García Gómez de Mercado, Francisco. *Sanciones administrativas.* Granada: Comares, 2007.

Gov.uk. "Factsheet: Cryptoassets-Key Terms and Definitions". Gov.uk. https://www.gov.uk/government/publications/economic-crime-and-corporate-transparency-bill-2022-factsheets/factsheet-cryptoassets-key-terms-and-definitions#:~:text=Cryptoasset:%20A%20cryptographically%20secured%20digital,,%20stored,%20or%20traded%20electronically.

Gómez Buendía, Hernando. *Entre la independencia y la pandemia. Colombia, 1810 a 2020. La guerra más larga del mundo y la historia no contada de un país en construcción,* 2ª ed. Bogotá: Rey Naranjo Editores y Fundación Razón Pública, 2021.

Gómez Tomillo, Manuel. *Derecho administrativo sancionador, parte general.* Pamplona: Thomson-Aranzadi, 2008.

Gordillo, Agustín. *Tratado de derecho administrativo, parte general,* tomo II. Buenos Aires: Ediciones Macchi-López, 2009.

Henao, Juan Carlos y Liliana López Jiménez eds. *Disrupción tecnológica, transformación digital y sociedad,* tomo 4, colección Así habla el Externado. Bogotá: Universidad Externado de Colombia, 2021.

Henao, Magdalena Correa, Néstor Osuna Patiño y Gonzalo Ramírez Cleves, eds. Lecciones de derecho constitucional, tomo I. Bogotá: Universidad Externado de Colombia, 2017.

Hernández, Luis Ángel. "Superintendencia Financiera de Colombia: Legislación, entidades supervisadas y protección". Rankia, 21 de septiembre de 2022. https://www.rankia.co/blog/analisis-colcap/3556208-superintendencia-financiera-colombia-legislacion-entidades-supervisadas-proteccion.

Laverde Álvarez, Juan Manuel. *Manual de procedimiento administrativo sancionatorio,* 2 ed. Bogotá: Legis, 2018.

Laverde Álvarez, Juan Manuel. "Sanciones administrativas: delimitación conceptual frente a otras actuaciones de la Administración". En *El poder sancionador de la administración pública: discusión, expansión y construcción,* Alberto Montaña Plata y Jorge Iván Rincón Córdoba (eds.), XIX Jornadas Internacionales de Derecho Administrativo. Bogotá: Universidad Externado de Colombia, 2018.

Lawrence, Tiana. *Blockchain for dummies.* Nueva Jersey: John Wiley y Sons Inc., 2017.

Library of Congress. *Regulatory Approaches to Cryptoassets in Selected Jurisdictions,* Washington D.C., Estados Unidos de Norteamérica, abril de 2019.

Lizarazo Rodríguez, Liliana y Marcela Anzola Gil eds. *La regulación económica: tendencias y desafíos.* Bogotá: Universidad del Rosario, 2004.

López Murcia, Julián Daniel. *Inteligencia regulatoria. Algunas herramientas para diseñar y analizar regulación.* Bogotá: Legis y Universidad de la Sabana, 2022.

Maldonado, Carlos Eduardo. "La globalización como proceso: herramientas para pensar procesos". En *El Derecho en el contexto de la globalización,* Gonzalo Ramírez Cleves (ed.) Bogotá: Universidad Externado de Colombia, 2007.

Mansilla Escobedo, Ronald. "El Bando de Buen Gobierno, instrumento de la Ilustración". En *Memoria del X Congreso del Instituto Internacional de Historia del Derecho Indiano,* tomo I. México: UNAM, 1995.

Marrara, Thiago y Gustavo Gil Gasiola. "Regulación de las nuevas tecnologías y nuevas tecnologías de la regulación". En *Tecnología, administración pública y regulación,* Luis Ferney Moreno Castillo, William Iván Gallo

Aponte y Vivian Cristina Lima López Valle (Coords.) Bogotá: Universidad Externado de Colombia, 2021.

Márquez Solís, Santiago. *Bitcoin. La guía completa de la moneda del futuro,* Madrid: Ediciones de la Uy Ra-Ma, 2016.

Massey, Doreen, "Geography on the Agenda". En *Progress in Human Geography,* 25, n.°. 1, (2001).

Ministerio de Educación Nacional. "Inspección y vigilancia del servicio educativo". MinEducación. Consultado el 24 de octubre de 2022. https://www.mineducacion.gov.co/1621/article-86914.html.

Ministerio de Tecnologías de la Información y las Comunicaciones. "Informe de Brecha Digital". Bogotá, 2022.

MINTIC. Resolución 3160 de 2017, modificada por la Resolución 0057 de 2021: Por la cual se establece la Política Pública de Vigilancia Preventiva.

Montaña Plata, Alberto y Jorge Iván Rincón Córdoba eds. *El poder sancionador de la administración pública: discusión, expansión y construcción,* XIX Jornadas Internacionales de Derecho Administrativo. Bogotá: Universidad Externado de Colombia, 2018.

Morand-Deviller, Jacqueline. *Curso de Derecho Administrativo.* Bogotá: Universidad Externado de Colombia, 2010.

Morales Arévalo, Nathalia. "¿Qué resultados ha dejado hasta ahora el piloto que destinó regulador sobre criptos?" *Diario La República,* 1 de agosto de 2022. https://www.larepublica.co/finanzas/que-resultados-ha-generado-el-piloto-que-destino-la-superfinanciera-sobre-criptos-3413829.

Moreno Castillo, Luis Ferney, William Iván Gallo Aponte y Vivian Cristina Lima López Valle Coords. *Tecnología, administración pública y regulación.* Bogotá: Universidad Externado de Colombia, 2021.

Moreno Castillo, Luis Ferney. *Hacia una buena inspección, vigilancia y control de los servicios públicos domiciliarios.* Consultado el 24 de octubre de 2022. https://www.uexternado.edu.co/wp-content/uploads/2017/01/Hacia-una-buena-inspeccion-vigilancia-y-control-de-los-SPD.pdf.

Narain, Aditya y Marina Moretti. "La regulación de los criptoactivos". Fondo monetario internacional, septiembre de 2022. https://www.imf.org/es/Publications/fandd/issues/2022/09/Regulating-crypto-Narain-Moretti#:~:text=El%20término%20"criptoactivo"%20mismo%20se,principalmente%20billeteras%20digitales%20y%20bolsas.

Nieto García, Alejandro. *Derecho administrativo sancionador,* 5ª ed. Madrid: Tecnos, 2018.

Ospina, Juan Manuel. *Economía para no economistas. Un relato de la formación del pensamiento económico.* Bogotá: Universidad Externado de Colombia, 2019.

Ospina Garzón, Andrés Fernando. "El fundamento del poder de sanción de la Administración: terapia para el abandono de un complejo". En *El poder sancionador de la administración pública: discusión, expansión y construcción,* Alberto Montaña Plata y Jorge Iván Rincón Córdoba (eds.), XIX Jornadas Internacionales de Derecho Administrativo. Bogotá: Universidad Externado de Colombia, 2018.

Ossa Arbeláez, Jaime. *Derecho administrativo sancionador,* 2 ed. Bogotá: Legis, 2009.

Pacheco Reyes, Ronald. *Televisión y nuevas realidades tecnológicas y de mercado. Hacia el sistema de la comunicación audiovisual.* Bogotá: Universidad Externado de Colombia, 2017.

Parejo Alfonso, Luciano. "Algunas reflexiones sobre la evolución y situación actual del sistema de fuentes del derecho". En *Las transformaciones de la administración pública y del derecho administrativo,* Jorge Iván Rincón Córdoba (ed.), Homenaje al Profesor Luciano Vandelli. Bogotá: Universidad Externado de Colombia, 2019.

Presidente de la República de Colombia. Decreto Ley 4333 de 2008: Por el cual se declara el Estado de Emergencia Social.

Presidente de la República de Colombia. Decreto Ley 4334 de 2008: Por el cual se expide un procedimiento de intervención en desarrollo del Decreto 4333 del 17 de noviembre de 2008.

Presidente de la República. Decreto 1860 de 1994: Por el cual se reglamenta parcialmente la Ley 115 de 1994, en los aspectos pedagógicos y organizativos generales.

Presidente de la República. Decreto 907 de 1996: Por el cual se reglamenta el ejercicio de la suprema inspección y vigilancia del servicio público educativo y se dictan otras disposiciones.

Presidente de la República. Decreto Ley 403 de 2020: Por el cual se dictan normas para la correcta implementación del Acto Legislativo 04 de 2019 y el fortalecimiento del control fiscal.

Presidente de la República. Decreto Ley 272 de 2000: Por el cual se determina la organización y funcionamiento de la Auditoría General de la República.

Presidente de la República. Decreto 2409 de 2018: Por el cual se modifica y renueva la estructura de la Superintendencia de Transporte y se dictan otras disposiciones.

Presidente de la República. Decreto 2402 de 2019: Por el cual se modifica la estructura de la Superintendencia de Transporte y se dictan otras disposiciones.

Presidente de la República. Decreto 1369 de 2020: Por el cual se modifica la estructura de la Superintendencia de Servicios Públicos Domiciliarios.

Presidente de la República. Decreto 1064 de 2022: Por el cual se modifica algunos artículos del Libro 2 Parte 4, Titulo 1, Capítulo 2 del Decreto 1066 de 2015, Único Reglamentario del Sector Administrativo del Interior, en lo que hace referencia a los Programas de Prevención y Protección de los derechos a la vida, la libertad, la integridad y la seguridad de personas, grupos y comunidades.

Presidente de la República. Decreto Ley 2150 de 1995: Por el cual se suprimen y reforman regulaciones, procedimientos o trámites innecesarios existentes en la Administración Pública.

Presidente de la República. Decreto Ley 663 de 1993: Por medio del cual se actualiza el Estatuto Orgánico del Sistema Financiero y se modifica su titulación y numeración.

Presidente de la República. Decreto 093 de 2010: Por el cual se adopta la estructura de la Agencia Nacional del Espectro, ANE, y se dictan otras disposiciones.

Ramírez Cleves, Gonzalo ed. *El Derecho en el contexto de la globalización*. Bogotá: Universidad Externado de Colombia, 2007.

Ramírez Barbosa, Paula Andrea Dir. *Estrategias globales contra la corrupción y el blanqueo de activos. Sus aportes en el fortalecimiento al Estado de derecho.* Bogotá: Tirant lo Blanch, 2022.

Ramírez Barbosa, Paula Andrea y Luis Alberto Páez Durán. "Blanqueo de capitales y soborno: la influencia de los criptoactivos". En *Estrategias globales contra la corrupción y el blanqueo de activos. Sus aportes en el fortalecimiento al Estado de derecho,* Paula Andrea Ramírez Barbosa (Dir.) Bogotá: Tirant lo Blanch, 2022.

República de Colombia. Constitución Política de Colombia de 1991.

Restrepo Medina, Manuel Alberto, Escobar Martínez, Lina, Rincón Salcedo, Javier, Rodríguez, José Eduardo. *Globalización del derecho administrativo colombiano.* Bogotá: Universidad del Rosario, 2010.

Restrepo Medina, Manuel Alberto y María Angélica Nieto Rodríguez. *El derecho administrativo sancionador en Colombia.* Bogotá: Universidad del Rosario y Legis, 2017.

Rincón Córdoba, Jorge Iván. "Origen, justificación y presupuestos de la potestad sancionadora de la Administración en el ordenamiento jurídico colombiano". En *El poder sancionador de la administración pública: discusión, expansión y construcción,* Alberto Montaña Plata y Jorge Iván Rincón Córdoba (eds.), XIX Jornadas Internacionales de Derecho Administrativo. Bogotá: Universidad Externado de Colombia, 2018.

Rincón Córdoba, Jorge Iván. "La organización administrativa como soporte del modelo de Estado social de derecho". En *Las transformaciones de la administración pública y del derecho administrativo,* Jorge Iván Rincón Córdoba (ed.), Homenaje al Profesor Luciano Vandelli. Bogotá: Universidad Externado de Colombia, 2019.

Robayo Galvis, Wilfredo. "Elementos del Estado: el territorio". En *Lecciones de derecho constitucional,* Correa Henao, Magdalena (eds.), tomo I. Bogotá: Universidad Externado de Colombia, 2017.

Rojas López, Juan Gabriel. *Derecho administrativo sancionador. Entre el control social y la protección de los derechos fundamentales.* Bogotá: Universidad Externado de Colombia, 2020.

Rubio, Rafael. "Los ciudadanos, ¿protagonistas de la globalización?" En *El Derecho en el contexto de la globalización,* Gonzalo Ramírez Cleves (ed.) Bogotá: Universidad Externado de Colombia, 2007.

Safar Díaz, Mónica Sofía. "Análisis económico de la sanción administrativa". En *El poder sancionador de la administración pública: discusión, expansión y construcción* Alberto Montaña Plata y Jorge Iván Rincón Córdoba (eds.), XIX Jornadas Internacionales de Derecho Administrativo. Bogotá: Universidad Externado de Colombia, 2018.

Sala de lo contencioso administrativo. Sección Primera, sentencia de 30 de abril de 2009, rad. 11001032400020040012301, C. P. Rafael Ostau de Lafont Pianeta.

Santofimio Gamboa, Jaime Orlando. *Reflexiones en torno a la potestad administrativa sancionadora: aplicación en el sector energético, ambiental, de telecomunicaciones y en otros sectores,* n.° 6, Colección de Estudios en Derecho Minero y Energético. Bogotá: Universidad Externado de Colombia, 2014.

Santos Rodríguez, Jorge Enrique. "El rol del administrado en el Estado constitucional". En *Las transformaciones de la administración pública y del derecho administrativo,* Jorge Iván Rincón Córdoba (ed.), homenaje al Profesor Luciano Vandelli. Bogotá: Universidad Externado de Colombia, 2019.

Suárez Barcia, Lucía. "Instrumentos administrativos para el fomento de la innovación tecnológica en el sector financiero peruano". *Revista Derecho PUCP,* n.° 87, 2021: 183-229. http://www.scielo.org.pe/pdf/derecho/n87/0251-3420-derecho-87-183.pdf.

Superintendencia Financiera de Colombia. *Manual de funcionamiento de la Arenera,* volumen 2.0, Bogotá, 2020.

Superintendencia Financiera De Colombia. *Marco Integral de Supervisión,* volumen 4, Bogotá, 2022.

Superintendencia de Sociedades. Oficio 220-196196 de 30 de septiembre de 2020.

Superintendencia de Sociedades. Oficio 100-237890 de 14 de diciembre de 2020.

Superintendente de Salud. Circular n.º 007 del 13 de diciembre de 2011 Supersalud.

Superservicios. "Energía". Superintendencia de Servicios Públicos Domiciliarios. Consultado el 2 de noviembre de 2022. https://www.superservicios.gov.co/Empresas-vigiladas/Energia-y-gas-combustible/Energia.

Tapscott, Don y Tapscott, Alex. La revolución blockchain, 2ª ed. Barcelona: Ediciones Deusto, 2017.

Tripathi, Rajeshwar. "Concept of Global Administrative Law. An Overview", *India Quarterly*, n.° 67 (4), New Delhi, (2011): 355-372. https://www.jstor.org/stable/45073012?read-now=1&seq=2#page_scan_tab_contents

VV.AA. Lecciones en materia de telecomunicaciones. Bogotá: Universidad Externado de Colombia, 2003.

Valverde, Mariana, "¿Un marco posgeográfico para la investigación sociojurídica? Lógica, ámbitos, técnicas". En *Derecho y geografía: espacio, poder y sistema jurídico,* Richard Thompson Ford (ed.) Bogotá: Siglo del Hombre editores y Universidad de los Andes, 2020.

Vaquer Caballería, Marcos. "Auge y problemas de la metarregulación: la iniciativa legislativa y la potestad reglamentaria en la Ley de Procedimiento Administrativo Común". Madrid: Universidad Carlos III de Madrid. https://www.researchgate.net/publication/311576632_Auge_y_problemas_de_la_metarregulacion_la_iniciativa_legislativa_y_la_potestad_reglamentaria_en_la_Ley_de_Procedimiento_Administrativo_Comun_The_boom_and_problems_of_meta-regulation.

Velásquez Turbay, Camilo. Derecho Constitucional, 2 ed. Bogotá: Universidad Externado de Colombia, 2001.

Villalobos Herrera, William. "Derecho administrativo y nuevas tecnologías ¿*Quo vadis* regulación?". En *Tecnología, administración pública y regulación,* Luis Ferney Moreno Castillo, William, Iván Gallo Aponte y Vivian Cristina Lima López Valle (Coords.) Bogotá: Universidad Externado de Colombia, 2021.

Zárate, Aníbal. "La protección constitucional de la rivalidad en el mercado como interés de las actuaciones administrativas en materia económica". En *Las transformaciones de la administración pública y del derecho administrativo,* Jorge Iván Rincón Córdoba (ed.), Homenaje al Profesor Luciano Vandelli. Bogotá: Universidad Externado de Colombia, 2019.

Corte Constitucional de Colombia. Sentencia C-412/15. M. P. Alberto Rojas Ríos (1 de julio de 2015).

Corte Constitucional de Colombia. Sentencia C-936/03. M. P. Eduardo Montealegre Lynett (15 de octubre de 2003).

Sala de lo contencioso administrativo, Sección Tercera, Subsección C, sentencia de 22 de octubre de 2012, exp. 20.738. C. P. Enrique Gil Botero.

Sala de lo contencioso administrativo, Sección Cuarta, sentencia de 15 de junio de 2017, exp. 19.626. C. P. Stella Jeannette Carvajal Basto (e).

Sala de Consulta y Servicio Civil, Concepto 2291 de 14 de septiembre de 2016, C.P. Edgar González López.

SALA DE CONSULTA Y SERVICIO CIVIL, Concepto de 16 de junio de 1999, Rad. 931, C.P. Luis Camilo Osorio;

SALA DE LO CONTENCIOSO ADMINISTRATIVO, SECCIÓN TERCERA, Sentencia de 24 de febrero de 2.005, Actor: Alberto Poveda Perdomo, Demandada: Empresas Públicas de Neiva y otros, Radicación: 41001-23-31-000-2003-(Ap-01470)-01, C. P. Ramiro Saavedra Becerra;

Sentencia de 26 de enero de 2006, Rad.: AP-54001-23-31-000-2002-01944-01, Actor: Corporación Colombia Transparente O.N.G., Demandado: Superintendencia de Servicios Públicos Domiciliarios y otros, C.P. Ruth Stella Correa Palacio;

Sentencia de 25 de octubre de 2006, Radicación número: AP-25000-23-24-000-2004- 01843-02, Actor: José Omar Cortés Quijano, Demandado: Superintendencia de Servicios Públicos Domiciliarios y otro, C.P. Ruth Stella Correa Palacio